Nadine Grubenmann

Ausgewählte Weisheiten, Zitate und Sprichworte aus aller Welt

Inkl. Bauernregeln und einigen Eselsbrücken

Bibliografische Information der Deutschen Nationalbibliothek:
Die Deutsche Nationalbibliothek verzeichnet diese Publikation in der
Deutschen Nationalbibliografie; detaillierte bibliografische Daten sind im
Internet über http://dnb.dnb.de abrufbar.

© 2016 Nadine Grubenmann

Herstellung und Verlag: BoD – Books on Demand, Norderstedt

ISBN: 978-3-7412-6635-5

Inhaltsverzeichnis

VORWORT	**9**
WEISHEITEN UND ZITATE NACH GEBIETEN	**11**
ALTER	11
DIVERSE LEBENSWEISHEITEN	13
ERFAHRUNG	19
ERKENNTNIS	21
ETHIK	23
FERNÖSTLICHE WEISHEITEN	25
FRAU	42
FREIHEIT	45
FREUNDSCHAFT	47
FURCHT	53
GEDANKEN	54
GELD	58
GESUNDHEIT	60
GLÜCK	63
HUND	67
REDEWENDUNGEN MIT HUND	69
INDIANISCHE SPRICHWORTE	70
INSPIRATION	72
KINDER	75
LACHEN	76
LEBEN	77

MENSCHEN	79
SEGELN	89
STÄRKE	91
WAHRHEIT	93
WEISHEITEN AUS ALLER WELT	95
WELT	105
WISSEN	107
ZEIT	113
ZUFRIEDENHEIT	115
ZUM SCHMUNZELN	116

POESIESPRÜCHE	**121**

LEBENSMOTTOS UND GLAUBENSSÄTZE	**127**

BAUERNREGELN	**133**
ALLGEMEINE REGELN	133
WETTERREGELN AUF MONATE BEZOGEN	134
JANUAR	134
FEBRUAR	135
MÄRZ	136
APRIL	137
MAI	138
JUNI	139
JULI	140
AUGUST	141
SEPTEMBER	142
OKTOBER	143

NOVEMBER	144
DEZEMBER	145
WETTERREGELN AUF HOHER SEE	146

ESELSBRÜCKEN 147

ZEITUMSTELLUNG	148
HIMMELSRICHTUNGEN	148
ZU- UND ABNEHMENDER MOND	149
SONNENLAUF	149
PLANETEN	149
STALAKTITEN UND STALAGMITEN	150
MONATE, ANZAHL TAGE	150
SCHALTJAHR	151
NAMEN DER GITARRENSAITEN	152
ZEITANGABEN	152
KONKAV UND KONVEX	153
GRAMMATIK DEUTSCH	153

BILDNACHWEIS 155

STICHWORTVERZEICHNIS 157

Vorwort

Es gibt so viele Sprichworte, Weisheiten, Zitate, Redewendungen die einem zum Nachdenken anregen, einem Inspirieren oder uns zum Lächeln bringen. Erstaunlicherweise sind auch die Worte von schon längst Verstorbenen immer noch gültig und auf unser jetziges Leben übertragbar.

Diese Sammlung enthält ausgewählte Sprichworte aus verschiedenen Ländern, fernöstliche Weisheiten, Zitate von berühmten und weniger berühmten Persönlichkeiten, Lebensmottos, Glaubenssätze, Poesiesprüche, Redewendungen, Bauernregeln pro Monat und ein paar Eselsbrücken. Diese Worte sind unterteilt in verschiedene Themenbereiche und am Ende des Buches in einem Stichwortverzeichnis mit einzelnen Worten und Autoren zusammengetragen, so dass Sie auch gezielt suchen können.
Die ausgewählten Worte sind mit grosser Sorgfalt zusammengetragen.

Lassen Sie sich Zeit beim Lesen, lassen Sie die Worte wirken und sich davon inspirieren.
Ich lade Sie zum Träumen und Nachdenken ein.

Nadine Grubenmann

Weisheiten und Zitate nach Gebieten

Alter

"Begrüsse das neue Jahr vertrauensvoll und ohne Vorurteile, dann hast du es schon halb zum Freund gewonnen."
Novalis (1772 – 1801) deutscher Schriftsteller

"Man wird nicht älter, sondern besser."
Theodor Fontane (1819 – 1898) deutscher Schriftsteller

"Es ist ein Vorteil des Altwerdens, dass man gegen Hass, Beleidigungen, Verleumdungen gleichgültig wird, während die Empfänglichkeit für Liebe und Wohlwollen stärker wird."
Otto von Bismarck (1815 – 1898) deutscher Staatsmann

"Jeder, der sich die Fähigkeit erhält, Schönes zu erkennen, wird nie alt werden."
Otto von Bismarck (1815 – 1898) deutscher Staatsmann

" Ich bin in meiner Jugend mit alten Leuten umgegangen und geh in meinem Alter mit jungem um. Das ist die Weise, wie der Mensch möglichst behaglich durch die Welt kommen mag."

Wilhelm Raabe (1831– 1910) deutscher Erzähler

" Alte haben gewöhnlich vergessen, dass sie jung gewesen sind, oder sie vergessen, dass sie alt sind, und Junge begreifen nie, dass sie alt werden können."

Kurt Tucholsky (1890 – 1935) deutscher Schriftsteller

" Man muss alt geworden sein, also gelebt haben, um zu erkennen, wie kurz das Leben ist."

Arthur Schopenhauer (1788 – 1860) deutscher Philosoph

" Man bleibt jung, so lange man noch lernen, neue Gewohnheiten annehmen und Widerspruch ertragen kann."

Marie von Ebner-Eschenbach (1830 – 1916) österreichische Schriftstellerin

Diverse Lebensweisheiten

" Die beste Möglichkeit, Träume zu verwirklichen, ist aufzuwachen."

Voltaire (1694 – 1778), französischer Philosoph und Schriftsteller

" Wege entstehen dadurch, dass wir sie gehen."

Franz Kafka (1883 – 1924) deutscher Schriftsteller

" Jeder kann wütend werden, das ist einfach. Aber wütend auf den Richtigen zu sein, im richtigen Mass, zur richtigen Zeit, zum richtigen Zweck und auf die richtige Art, das ist schwer."

Aristoteles (384 – 322 v.Chr.) griechischer Philosoph

" Komplimente sind wie Parfüm. Sie dürfen duften, aber nie aufdringlich werden."

Oscar Wilde (1854 – 1900) irischer Schriftsteller

" Wer sich nicht selbst helfen will, dem kann niemand helfen."

Johann Heinrich Pestalozzi (1746 – 1827) Schweizer Pädagoge

" Die Erinnerung ist das einzige Paradies, aus dem man uns nicht vertreiben kann."

Jean Paul (1763 1825) deutscher Schriftsteller

" Eine Angewohnheit kann man nicht aus dem Fenster werfen. Man muss sie die Treppe hinunterprügeln, Stufe für Stufe."

Mark Twain (1835 – 1910), US-amerikanischer Schriftsteller

" Ein Narr sieht nicht denselben Baum, den ein Weiser sieht."

William Blake (1757 - 1827) englischer Dichter
[Die Hochzeit von Himmel und Hölle]

" Nichts ist so beständig wie der Wechsel."

Heraklit (540 – 480 v.Chr.) griechischer Philosoph

" Man sollte sich nicht schlafen legen, ohne sagen zu können, dass man an dem Tage etwas gelernt hätte."

Georg Christoph Lichtenberg (1742 – 1799) deutscher Mathematiker

" Es ist nichts beständig als die Unbeständigkeit."

Immanuel Kant (1724 – 1804) deutscher Philosoph

" Die Basis einer gesunden Ordnung ist ein grosser Papierkorb."

Kurt Tucholsky (1890 – 1935) deutscher Schriftsteller

" Wenn ihr ein Problem anpackt, wird es euch den Weg zeigen, es zu lösen."

Rabindranath Tagore (1861 – 1941) bengalischer Dichter

" Sobald ihr handeln wollt, müsst ihr die Tür zum Zweifel verschliessen."

Friedrich Nietzsche (1844 – 1900) deutscher Philologe und Philosoph

" Ich erinnere mich der Dinge, die ich vergessen will, und vergesse die, die ich nicht vergessen will."

Euripides (480 – 406 v.Chr.) griechischer Dramatiker

" Zuhause ist da, wo man dich wieder aufnimmt, auch wenn du mal etwas falsch gemacht hast."

Christian Morgenstern (1871 – 1914) deutscher Dichter

" Vergiss nicht, wenn du wütend bist, nichts zu tun, bevor du dir das Alphabet aufgesagt hast."

Voltaire (1694 – 1778) französischer Philosoph und Schriftsteller

" Keine Gesellschaft kann gedeihen und glücklich sein, in der der weitaus grösste Teil ihrer Mitglieder arm und elend ist."

Adam Smith (1723 – 1790) schottischer Nationalökonom und Philosoph

" Die schönste Harmonie entsteht durch Zusammenbringen der Gegensätze."
Heraklit (540 – 480 v.Chr.) griechischer Philosoph

" Nicht gut ist, dass sich alles erfüllt, was du wünschest: Durch Krankheit erkennst du den Wert der Gesundheit,
am Bösen den Wert des Guten, durch Hunger die Sättigung,
in der Anstrengung den Wert der Ruhe."
Heraklit (540 – 480 v.Chr.) griechischer Philosoph

" Aus Steinen, die einem in den Weg gelegt werden, kann man Schönes bauen."
Johann Wolfgang von Goethe (1749 – 1832) deutscher Dichter

" Du darfst auf keinen Fall deinen inneren Frieden verlieren, auch dann nicht, wenn deine ganze Welt aus den Fugen zu geraten scheint."
Franz von Sales (1567 – 1622) Fürstbischof von Genf

" Wir denken selten an das, was wir haben, aber immer an das, was uns fehlt."

Arthur Schopenhauer (1788 – 1860) deutscher Philosoph

" Unsere Hauptaufgabe ist nicht zu sehen, was unscharf in der Ferne liegt, sondern zu tun, was unmittelbar vor uns liegt."

Thomas Carlyle (1795 – 1881) schottischer Philosoph und

" Patriotismus ist in seiner überhitzten Form das Ei, aus dem die Kriege gebrütet werden."

Guy de Maupassant (1850 – 1893), französischer Erzähler

" – Alles ist gut – will nur besagen, dass alles von unveränderlichen Gesetzen regiert wird."

Voltaire (1694 – 1778), französischer Philosoph und Schriftsteller

" Konzentriere nicht deine ganze Kraft auf das Bekämpfen des Alten, sondern darauf, das Neue zu formen."

Sokrates (469 – 399 v. Chr.) griechischer Philosoph

Erfahrung

" Seine eigenen Erfahrungen bedauern heisst, seine eigene Entwicklung aufhalten."
Oscar Wilde (1854 – 1900) irischer Schriftsteller
[De Profundis]

" Die Erfahrung ist wie eine Laterne im Rücken; sie beleuchtet stets nur das Stück Weg, das wir bereits hinter uns haben."
Konfuzius (551 – 479 v.Chr.), chinesischer Philosoph

" Der aus Büchern erworbene Reichtum fremder Erfahrung heisst Gelehrsamkeit. Eigene Erfahrung ist Weisheit."
Gotthold Ephraim Lessing (1729 - 1781) deutscher Dichter

" Erfahrungen vererben sich nicht – jeder muss sie alleine machen."
Kurt Tucholsky (1890 – 1935) deutscher Schriftsteller

" Solange man selbst redet, erfährt man nichts."

Marie von Ebner-Eschenbach (1830 – 1916) österreichische Schriftstellerin

" Der einzige Unterschied zwischen einem Mann und einem Kind ist die Erfahrung."

Oscar Wilde (1854 – 1900) irischer Schriftsteller

" Durch die Brille der Erfahrung wirst du beim zweiten Hinschauen klarer sehen."

Henrik Ibsen (1828 – 1906) norwegischer Dramatiker

" Vieles erfahren haben, heisst noch nicht Erfahrung besitzen."

Marie von Ebner-Eschenbach (1830 – 1916) österreichische Schriftstellerin

" Wer viel liest und viel reist, sieht vieles und erfährt vieles."

Miquel de Cervantes-(1547 – 1616) spanischer Schriftsteller
[Don Quijote, Verlag Artemis & Winkler, 2005, S 741]

Erkenntnis

" Man sieht oft etwas hundertmal, tausendmal, ehe man es zum allerersten Mal wirklich sieht."
Christian Morgenstern (1871 – 1914) deutscher Dichter

" Und plötzlich weisst du: Es ist Zeit, etwas Neues zu beginnen und dem Zauber des Anfangs zu vertrauen."
Meister Eckhart (1260 – 1327) deutscher Mystiker

" Einmal ist keinmal."
Ovid (43 v.Chr. – 17 n.Chr.) römischer Epiker

" Wenige Dinge auf Erden sind lästiger als die stumme Mahnung, die von einem guten Beispiel ausgeht."

Mark Twain (1835 – 1910), US-amerikanischer Schriftsteller

" Unglücklich ist nicht, wer etwas auf Befehl tut, sondern wer es widerwillig tut. Wir sollten daher die innere Einstellung gewinnen, dass wir wollen, was die Umstände von uns verlangen."

Lucius Annaeus Seneca (1 – 65) römischer Philosoph

" Wenn sich eine Tür schliesst, öffnet sich eine andere; aber wir schauen meist so lange mit Bedauern auf die geschlossene Tür, dass wir die, die sich geöffnet hat, nicht sehen."

Alexander Graham Bell (1847 – 1922) britischer und US-amerikanischer Erfinder und Sprachtherapeut

" Alles Reden ist sinnlos, wenn das Vertrauen fehlt."

Franz Kafka (1883 – 1924) tschechisch und deutsch österreichischer Schriftsteller

Ethik

" Es hört doch jeder nur, was er versteht."
Johann Wolfgang von Goethe (1749 – 1832) deutscher Dichter

" Stagnation ist der Anfang vom Ende!"
Sokrates (469 – 399 v. Chr.) griechischer Philosoph

" Wie du gesät hast, so wirst du ernten."

Marcus Tullius Cicero (106 – 43 v.Chr.) römischer Staatsmann

" Beurteile ein Buch nicht nach seinem Umschlag."

Autor unbekannt

" Die beste Art sich zu rächen: Nicht Gleiches mit Gleichem vergelten."

Mark Aurel (121 –180) römischer Kaiser

" Wir sind nicht nur verantwortlich für das, was wir tun, sondern auch für das, was wir nicht tun."

Molière (1622 – 1673) französischer Schauspieler, Dramatiker

" Es ist leichter, Kritik zu üben, als recht zu haben."

Benjamin Disraeli (1804 – 1881) britischer Staatsmann

Fernöstliche Weisheiten

"Lebe nicht in der Vergangenheit, träume nicht von der Zukunft, sondern geniesse das hier und jetzt."

Buddha (500 v.Chr.)

"Ein Augenblick der Geduld kann vor grossem Unheil bewahren, ein Augenblick der Ungeduld ein ganzes Leben zerstören."

Chinesisches Sprichwort

Konfuzius sprach:
"Es nützt nichts, sich mit denen zu beraten, die andere Wege gehen."

Konfuzius (551 – 479 v.Chr.) chinesischer Philosoph

"An drei Dingen erkennt man den Weisen:
Schweigen, wenn Narren reden,
denken, wenn andere glauben und
handeln, wenn Faule träumen."

Chinesisches Sprichwort

"Inmitten einer grossen Freude soll man niemandem etwas versprechen;
inmitten eines grossen Ärgers soll man keinen Brief beantworten."

Chinesisches Sprichwort

Konfuzius sprach:
"Hat man einen Fehler begangen, ist es in der Tat ein Fehler, diesen nicht zu verbessern."

Konfuzius: Full Text oft he Lun Yül [15,29], Book VI Kao Tzu, Part II. 15, http://www.confucius.org/lunyu/gd1529.htm

"Lerne zu schweigen und du merkst, dass du zu viel geredet hast."
Chinesisches Sprichwort

"Jeder Schaden macht dich etwas klüger."
Chinesisches Sprichwort

"Nur mit den Augen der Anderen kann man seine Fehler gut sehen."
Chinesisches Sprichwort

Konfuzius sprach:
"Wer nur zurückschaut, kann nicht sehen, was auf ihn zukommt."
Konfuzius (551 – 479 v.Chr.) chinesischer Philosoph

"Fürchte dich nicht, langsam zu gehen, fürchte dich nur, stehen zu bleiben."
Chinesisches Sprichwort

" Besser auf neuen Wegen stolpern als in alten Pfaden auf der Stelle zu treten."
Chinesisches Sprichwort

" Mit einem Brunnenfrosch kann man nicht über den Ozean sprechen."
Zhuangzi (365 – 290 v.Chr.) chinesischer Philosoph

" Die Stärke an einem Gefühl erkennt man an den Opfern, die man bereit ist dafür zu geben."
Chinesisches Sprichwort

" Über Vergangenes mache dir keine Sorge, dem Kommenden wende dich zu."
Chinesisches Sprichwort

" Nichts ist so entspannend wie anzunehmen, was auch kommt."
Dalai Lama

Konfuzius sprach:
"Wer etwas Schlechtes über andere sagt, macht sich nicht besser."

Konfuzius (551 – 479 v.Chr.) chinesischer Philosoph

Konfuzius sprach:
"Was du an dir selbst nicht erfahren möchtest, tue andern auch nicht an."

Konfuzius (551 – 479 v.Chr.) chinesischer Philosoph
Konfuzius: Full Text oft he Lun Yül [15,23] , Book VI Kao Tzu, Part II. 15,
http://www.confucius.org/lunyu/gd1523.htm

Konfuzius sprach:
"Fordere viel von dir selbst und erwarte wenig von den anderen. So wird dir Ärger erspart bleiben."

Konfuzius (551 – 479 v.Chr.) chinesischer Philosoph

"Einmal selber sehen ist schöner als hundertmal von anderen hören."

Japanisches Sprichwort

"Solange du Anderssein nicht verzeihen kannst, bist du noch weit ab vom Wege zur Weisheit."

Chinesisches Sprichwort

Konfuzius sprach:
"Wohin du auch gehst, geh mit deinem ganzen Herzen."

Konfuzius (551 – 479 v.Chr.) chinesischer Philosoph

"Wer seinen Feind umarmt, macht ihn bewegungsunfähig."

Japanisches Sprichwort

"Reich ist, wer weiss, dass er genug hat."

Lao-Tse (6.Jahrhundert v.Chr.)

"Das Glück kommt zu denen, die lachen."

Japanisches Sprichwort

"Ein langer Weg beginnt mit dem ersten Schritt."

Lao-Tse (6.Jahrhundert v.Chr.)

Konfuzius sprach:
"Was du liebst, lass frei. Kommt es zurück gehört es dir für immer."

Konfuzius (551 – 479 v.Chr.) chinesischer Philosoph

" Wenn der Wind der Veränderung weht, bauen manche Mauern und andere Windmühlen."

Chinesisches Sprichwort

" Wenn Güte von uns ausgeht, werden wir auch Güte erfahren."

Chinesisches Sprichwort

" Denke daran, dass Schweigen manchmal die beste Antwort ist."

Dalai Lama

" Falls du glaubst, dass du zu klein bist, um etwas zu bewirken, dann versuche mal zu schlafen, wenn eine Mücke im Raum ist."
Dalai Lama

" Wenn du feststellst, dass du einen Fehler begangen hast, ergreife sofort Massnahmen, um ihn wieder gut zu machen."
Dalai Lama

" Gehe einmal im Jahr irgendwohin wo du noch nie warst."
Dalai Lama

" Wenn man in den Grundsätzen nicht übereinstimmt, kann man einander keine Ratschläge geben."
Konfuzius (551 – 479 v.Chr.) chinesischer Philosoph

" Wer seinen Wohlstand vermehren möchte, der sollte sich an den Bienen ein Beispiel nehmen. Sie sammeln den Honig, ohne die Blumen zu zerstören. Sie sind sogar nützlich für die Blumen. Sammle deinen Reichtum, ohne seine Quellen zu zerstören, dann wird er beständig zunehmen."
Buddha (500 v.Chr.)

" Wut festhalten ist wie Gift trinken und darauf warten, dass der Andere stirbt."
Buddha (500 v.Chr.)

" Wahre Worte sind nicht immer schön, schöne Worte sind nicht immer wahr."
Lao-Tse (6.Jahrhundert v.Chr.)

" Es gibt niemanden, der nicht isst und trinkt, aber nur wenige, die den Geschmack zu schätzen wissen."
Konfuzius (551 – 479 v.Chr.) chinesischer Philosoph

Konfuzius sprach:
" Handeln hat Vorrang vor Worten."

Konfuzius (551 – 479 v.Chr.) chinesischer Philosoph
[Full Text oft he Lun Yül [02,13] , Book VI Kao Tzu, Part II. 15,
http://www.confucius.org/lunyu/gd0213.htm]

" Fällst du siebenmal, stehe achtmal auf."

Japanisches Sprichwort

" Denke daran, dass etwas, was du nicht bekommst, manchmal eine wunderbare Fügung des Schicksals sein kann."

Dalai Lama

" Die Schwierigste Zeit in unserem Leben ist die beste Gelegenheit innere Stärke zu entwickeln."

Dalai Lama

" Löse das Problem, nicht die Schuldfrage."

Chinesisches Sprichwort

"So wie der Acker verdorben wird durch Unkraut, wird der Mensch verdorben durch seine Gier."

Buddha (500 v.Chr.)

"Die Menschen stolpern nicht über Berge, sondern über Maulwurfshügel."

Konfuzius (551 – 479 v.Chr.) chinesischer Philosoph

"Groll mit uns herumtragen ist wie das Greifen nach einem glühenden Stück Kohle in der Absicht, es nach jemandem zu werfen. Man verbrennt sich nur selbst dabei."

Buddha (500 v.Chr.)

"Um an die Quelle zu kommen, muss man gegen den Strom schwimmen."

Konfuzius (551 – 479 v.Chr.) chinesischer Philosoph

" Jedes Leben hat sein Mass an Leid.
Manchmal bewirkt eben dieses unser Erwachen."
Buddha (500 v.Chr.)

" Der Schlüssel zu allem ist Geduld. Nicht
durch Aufschlagen, sondern durch Ausbrüten
wird aus einem Ei ein Küken."
Chinesisches Sprichwort

"Möge dein schlechtester Tag der Zukunft besser sein als dein bester in der Vergangenheit."

Lao-Tse (6.Jahrhundert v.Chr.)

"Jede Minute, die man lacht, verlängert das Leben um eine Stunde."

Chinesisches Sprichwort

"Ein edler Mensch beurteilt niemanden nur nach seinen Worten. In einer kultivierten Welt blühen Taten, in einer unkultivierten Welt Worte."

Konfuzius (551 – 479 v.Chr.) chinesischer Philosoph

"Wenn ich loslasse, was ich bin, werde ich, was ich sein könnte.
Wenn ich loslasse, was ich habe, bekomme ich was ich brauche.."

Lao-Tse (6.Jahrhundert v.Chr.)

"Wenn du siehst, dass dein Ziel noch fern ist, dann fang an, dich auf den Weg zu machen."
Chinesisches Sprichwort

"Wer die Wahrheit sucht, darf nicht erschrecken, wenn er sie findet."
Chinesisches Sprichwort

"Lehrer öffnen dir die Tür, hineingehen musst du aber selbst."
Chinesisches Sprichwort

"Fürchte dich nicht vor langsamen Veränderungen; fürchte dich nur vor dem Stillstand."
Japanisches Sprichwort

"Die Lebensspanne ist dieselbe, ob man sie lachend oder weinend verbringt."
Chinesisches Sprichwort

" Glaubt den Schriften nicht, glaubt den Lehrern nicht, glaubt auch mir nicht. Glaubt nur das, was ihr selbst sorgfältig geprüft und als euch selbst und zum Wohle dienend anerkannt habt."

Buddha (500 v.Chr.)

" Man muss sich einen Stecken in der Jugend schneiden, damit man im Alter daran gehen kann."

Konfuzius (551 – 479 v.Chr.) chinesischer Philosoph

" Gib einem Hungernden nicht einen Fisch, schenk ihm deine Angel."

Chinesische Weisheit

" Es gibt nur zwei Fehler, die man auf dem Weg zur Wahrheit machen kann: Nicht den ganzen Weg gehen und nicht beginnen."

Buddha (500 v.Chr.)

"Wenn du depressiv bist, lebst du in der Vergangenheit.
Wenn du Angst hast, lebst du in der Zukunft.
Wenn du inneren Frieden erlebst, dann lebst du in der Gegenwart."

Lao-Tse (6.Jahrhundert v.Chr.)

"Ein guter Lehrer bleibt ein Schüler bis an das Ende seiner Tage."

Chinesische Weisheit

"Je stiller man ist, desto mehr kann man hören."

Chinesische Weisheit

"Wenn Du sprichst, wiederholst Du nur, was du eh schon weisst; wenn du aber zuhörst, kannst Du unter Umständen etwas Neues lernen."

Dalai Lama

Frau

"Es gibt keinen Erfolg ohne Frauen."
Kurt Tucholsky (1890 – 1935) deutscher Schriftsteller
Quelle: Rote Signale – In: "Die Weltbühne", 29. 12. 1931 , S. 959

"Die nackte Frau ist ein göttliches Werk."
William Blake (1757 - 1827) englischer Dichter

"Eine schreckliche Sache, das Gedächtnis einer Frau!"
Oscar Wilde (1854 – 1900) irischer Schriftsteller

" Alle Männer können ein Lager herrichten, aber um ein Heim zu schaffen, bedarf es einer Frau."

Chinesisches Sprichwort

" Niemand kann einen anderen mit so aufmerksamer Achtlosigkeit betrachten, wie Frauen einander ansehen."

Baldassare Castiglione (1478 – 1529) italienischer Graf und Schriftsteller

" Am liebsten erinnern sich die Frauen an die Männer mit denen sie lachen konnten."

Anton Pawlowitsch Tschechow (1860 – 1904) russischer Schriftsteller

" Kein Mann sollte ein Geheimnis vor seiner Frau haben. Sie wird es in jedem Fall herausfinden."

Oscar Wilde (1854 – 1900) irischer Schriftsteller

" Eine Frau wundert sich oft, was ein Mann so alles vergisst – ein Mann staunt, woran sich eine Frau alles erinnert."

Oscar Wilde (1854 – 1900) irischer Schriftsteller

" Die weibliche Natur ist wie das Meer: es gibt dem leisesten schwächsten Druck nach und trägt doch die schwersten Lasten."

Rasmus Nielsen (1809 – 1884) dänischer Philosoph

" Frauen erreichen alles, weil sie jene beherrschen, die alles beherrschen."

Französisches Sprichwort

" Frauen sind da, um geliebt zu werden, nicht um verstanden zu werden."

Oscar Wilde (1854 – 1900) irischer Schriftsteller

Freiheit

"Die Fähigkeit das Wort "Nein" auszusprechen, ist der erste Schritt zur Freiheit."

Nicolas Chamfort (1741 1794) französischer Schriftsteller

"Wer die Freiheit aufgibt, um Sicherheit zu gewinnen, wird am Ende beides verlieren."

Benjamin Franklin (1706 – 1790) Gründervater der USA

" Wo das Volk die Regierung fürchtet, herrscht Tyrannei. Wo die Regierung das Volk fürchtet, herrscht Freiheit."

Thomas Jefferson (1743 – 1826) Gründervater der Vereinigten Staaten

" Die Freiheit des Menschen liegt nicht darin, dass er tun kann, was er will, sondern, dass er nicht tun muss, was er nicht will."

Jean-Jacques Rousseau (1712-1778) Schriftsteller und Philosoph

" Wahre Liebe fordert nicht, wahre Liebe gibt. Sie ist ein Entgegenkommen, ein Geben, aber auch ein Annehmen. Wahre Liebe ergreift nicht Besitz, sondern gibt Freiheit."

Marie von Ebner-Eschenbach (1830 – 1916) österreichische Schriftstellerin

" Wer anderen die Freiheit verweigert, verdient sie nicht für sich selbst."

Abraham Lincoln (1809 – 1865) 16. Präsident der USA

Freundschaft

" Zwei Freunde müssen sich im Herzen ähneln, in allem anderen können sie grundverschieden sein."

Sully Prudhomme (1839 1907) französischer Schriftsteller

" Der einzige Weg, einen Freund zu haben, ist der, selbst einer zu sein."

Ralph Waldo Emerson (1803 – 1882) US-amerikanischer Philosoph

" Wirklich gute Freunde sind Menschen, die uns ganz genau kennen, und trotzdem zu uns halten."

Marie von Ebner-Eschenbach (1830 – 1916) österreichische Schriftstellerin

" Nicht täglicher Kontakt, sondern die Gewissheit, dass man sich immer aufeinander verlassen kann, macht eine Freundschaft aus."

Autor unbekannt

" Ein Freund ist ein Mensch, der alles über dich weiss und dich dennoch schätzt."

Elbert Hubbard (1856 – 1915) US-amerikanischer Schriftsteller

" Die eigentliche Aufgabe eines Freundes ist, dir beizustehen, wenn du im Unrecht bist. Jedermann ist auf deiner Seite, wenn du im Recht bist."

Mark Twain (1835 – 1910) US-amerikanischer Schriftsteller

" Tiere sind so angenehme Freunde, sie stellen keine Fragen und üben keine Kritik."

George Eliot (1819 – 1880) englische Schriftstellerin

" Nicht durch Nehmen, sondern durch Geben stiften wir unsere Freundschaften."

Perikles (490 – 429 v.Chr.) athenischer Staatsmann

" Wer dein Schweigen nicht versteht, versteht auch deine Worte nicht."

Elbert Hubbard (1856 – 1915) US-amerikanischer Schriftsteller

" Durch längeres Zusammenleben können wir einen Freund verlieren, durch Trennung nie."

Johannes von Müller (1752 – 1809) Schweizer Geschichtsschreiber, Publizist und Staatsmann

" Ein bisschen Freundschaft ist mehr wert als die Bewunderung der ganzen Welt."

Otto von Bismarck (1815 – 1898) deutscher Staatsmann

" Ein Freund ist ein Mensch, vor dem man laut denken kann."

Ralph Waldo Emerson (1803 – 1882) US-amerikanischer Philosoph

" Es ist schlimm, erst dann zu merken, dass man keine Freunde hat, wenn man Freunde nötig hat."

Plutarch (45 – 120) griechischer Schriftsteller

"Man kommt in der Freundschaft nicht weit, wenn man nicht bereit ist, kleine Fehler zu verzeihen."

Jean de la Bruyère (1645 – 1696) französischer Schriftsteller

"Kein besseres Heilmittel gibt es im Leid als eines edlen Freundes Zuspruch."

Euripides (480 – 406 v.Chr.) griechischer Dramatiker

"Freunde, die uns in der Not nicht verlassen, sind äusserst selten. Sei du einer dieser seltenen Freunde."

Adolph Freiherr von Knigge (1752 – 1796) deutscher Jurist und Satiriker

"Ich habe damit begonnen, mir selbst ein Freund zu sein. Damit ist schon viel gewonnen, man kann dann nicht mehr einsam sein. Wisse auch, dass ein solcher Mensch, allen ein rechter Freund sein wird."

Lucius Annaeus Seneca (1 – 65) römischer Philosoph

"Das erste Gesetz der Freundschaft lautet dass sie gepflegt werden muss.
Das zweite lautet: Sei nachsichtig wenn das erste verletzt wird."

Voltaire (1694 – 1778) französischer Philosoph und Schriftsteller

"Es ist schön, mit jemandem schweigen zu können."

Kurt Tucholsky (1890 – 1935) deutscher Schriftsteller

"Lachen ist kein schlechter Anfang für eine Freundschaft und bei Weitem das beste Ende."

Oscar Wilde (1854 – 1900) irischer Schriftsteller

"Geflickte Freundschaft wird selten wieder ganz."

Voltaire (1694 – 1778) französischer Philosoph und Schriftsteller

"Reich sind die, die wahre Freunde haben."

Thomas Fuller (1608 – 1661) englischer Prediger

Furcht

" Was man verstehen gelernt hat, fürchtet man nicht."
Marie Curie (1867 – 1934) polnische Physikerin und Chemikerin

" Der schlimmste Fehler im Leben ist, ständig zu befürchten, dass man einen macht."
Elbert Hubbard (1856 – 1915) US-amerikanischer Schriftsteller

" Im Unglück finden wir meistens die Ruhe wieder, die uns durch die Furcht vor dem Unglück geraubt wurde."
Marie von Ebner-Eschenbach (1830 – 1916) österreichische Schriftstellerin
[Aphorismen, Aus: Schriften Band 1, Berlin: Paetel. 1893, S. 70]

" Jeder Erzieher, der mit Furcht und Angst arbeitet, taugt nichts."
Johannes von Müller (1752 – 1809) Schweizer Geschichtsschreiber, Publizist und Staatsmann

Gedanken

"Achte auf deine Gedanken —
sie sind der Anfang aller Taten."
Chinesisches Sprichwort

"Beginne den Tag immer mit positiven Gedanken. Denn egal, wie viele Probleme du auch hast, negative Gedanken werden dir bestimmt nicht helfen."
Autor unbekannt

"Alles, was wir sind, ist das Ergebnis dessen, was wir dachten."
Buddha (500 v.Chr.)

"Die Seele hat die Farbe deiner Gedanken."
Mark Aurel (121–180) römischer Kaiser

" Die Qualität deiner Gedanken, bestimmt die Qualität deines Lebens."
Kalenderspruch

" Wir wissen nicht was andere Menschen denken und fühlen. Wir interpretieren ihr Verhalten und sind dann wegen unserer eigenen Gedanken beleidigt."
Autor unbekannt

" Das, was jemand von sich selbst denkt, bestimmt sein Schicksal."
Mark Twain (1835 – 1910) US-amerikanischer Schriftsteller

" Das Glück deines Lebens hängt von der Beschaffenheit deiner Gedanken ab.
Unser Leben ist das Produkt unserer Gedanken."
Mark Aurel (121 –180) römischer Kaiser

" Wer seine Gedanken nicht auf Eis zu legen versteht, der soll sich nicht in die Hitze des Streites begeben."

Friedrich Nietzsche (1844 – 1900) deutscher Philologe und Philosoph

" Wenn man zu viel nachdenkt, erschafft man Probleme die es eigentlich nicht gibt."

Autor unbekannt

" Die Bildung kommt nicht vom Lesen, sondern vom Nachdenken über das Gelesene."

Carl Hilty (1833 – 1909) Schweizer Staatsrechtler

" Denke lieber an das, was du hast, als an das, was dir fehlt! Suche von den Dingen, die du hast, die besten aus und bedenke dann, wie eifrig du nach ihnen gesucht haben würdest, wenn du sie nicht hättest."

Mark Aurel (121 –180) römischer Kaiser

" Wir haben nicht nur in der Sprache, sondern auch im Denken und Fühlen den Akzent unseres Landes."

Francois de La Rochefoucauld (1613 – 1680) französischer Adliger

" Die kürzesten Wörter, nämlich ja und nein erfordern das meiste Nachdenken."

Pythagoras von Samos (570 – 495 v.Chr.) griechischer Philosoph

" Alle denken nur darüber nach, wie man die Menschheit ändern könnte, doch niemand denkt daran, sich selbst zu ändern."

Leo Tolstoi (1828 – 1910) russischer Schriftsteller

" Allgemeine Regeln und Bedingungen der Vermeidung des Irrtums überhaupt sind:
   1) selbst zu denken,
   2) sich in der Stelle eines anderen zu denken, und
   3) jederzeit mit sich selbst einstimmig zu denken."

Immanuel Kant (1724 – 1804) deutscher Philosoph

Geld

" Geld bringt Sorgen, ob man es hat oder nicht."

Miquel de Cervantes-(1547 – 1616) spanischer Schriftsteller

" Wer der Meinung ist, dass man für Geld alles haben kann, gerät leicht in den Verdacht, dass er für Geld alles zu tun bereit ist."

Benjamin Franklin (1706 – 1790) Gründervater der USA

" Geizhälse sind die Plage ihrer Zeitgenossen, aber das Entzücken ihrer Erben."

Theodor Fontane (1819 – 1898) deutscher Schriftsteller

" Zu viele Leute geben Geld aus, das sie nicht verdient haben, um Dinge zu kaufen, die sie nicht brauchen, um Leute zu beeindrucken, die sie nicht mögen."

Will Rogers (1879 – 1935) US amerikanischer Komiker

" Heiraten sie nicht wegen Geld. Sie können es günstiger ausleihen."

Schottisches Sprichwort

" Unsere Einkommen sind wie unsere Schuhe. Wenn sie zu klein sind, drücken und kneifen sie uns. Wenn sie zu gross sind, lassen sie uns straucheln und stolpern."

John Locke (1632 – 1704) englischer Philosoph

Gesundheit

" Wer nicht jeden Tag etwas für seine Gesundheit aufbringt, muss eines Tages sehr viel Zeit für die Krankheit opfern."

Sebastian Kneipp (1821 – 1897) Priester und Hydrotherapeut

" Willst du den Körper heilen, musst du zuerst die Seele heilen."

Platon (428 – 348 v.Chr.) griechischer Philosoph

" Die ständige Sorge um die Gesundheit ist auch eine Krankheit."

Platon (427 – 347 v.Chr.) griechischer Philosoph

" Dem Gesunden fehlt viel, dem Kranken nur eins."
Deutsches Sprichwort

" Reiss deine Gedanken von deinen Problemen fort, an den Ohren, an den Fersen oder wie auch immer: Das ist das Beste, was der Mensch für seine Gesundheit tun kann."
Mark Twain (1835 – 1910) US-amerikanischer Schriftsteller

"Ich habe angefangen, ein bisschen vergnügt zu sein, da man mir sagte, das sei gut für die Gesundheit."
Voltaire (1694 – 1778) französischer Philosoph und Schriftsteller
[Brief an Abbé Trublet, Ferney 27.4.1761

" Der einzige Weg, seine Gesundheit zu behalten, ist zu essen, was man nicht will, zu trinken, was man nicht will, und zu tun, was man nicht will."
Mark Twain (1835 – 1910), US-amerikanischer Schriftsteller

" Auch das Denken schadet bisweilen der Gesundheit."

Aristoteles (384 – 322 v.Chr.) griechischer Philosoph

" Die wirksamste Medizin ist die natürliche Heilkraft, die im Inneren eines jeden von uns liegt."

Hippokrates (460 – 370 v.Chr.) Arzt des Altertums

" Freude ist die Gesundheit der Seele."

Aristoteles (384 – 322 v.Chr.) griechischer Philosoph

" Lachen ist eine körperliche Übung von grösstem Wert für die Gesundheit."

Aristoteles (384 – 322 v.Chr.) griechischer Philosoph

" Das ärgerliche am Ärger ist, dass man sich schadet, ohne anderen zu nutzen."

Kurt Tucholsky (1890 – 1935) deutscher Schriftsteller

Glück

" Glücklich sein bedeutet nicht, das Beste von allem zu haben, sondern das Beste aus allem zu machen..."

Autor unbekannt

" Achte auf das Kleine in der Welt, das macht das Leben reicher und zufriedener."

Carl Hilty (1833 – 1909) Schweizer Staatsrechtler

" Menschen zu finden, die mit uns fühlen und empfinden, ist wohl das schönste Glück auf Erden."

Carl Spitteler (1845 – 1924), Schweizer Dichter und Schriftsteller.

" Willst du einen Augenblick glücklich sein, räche dich. Willst du ein Leben lang glücklich sein, schenke Vergebung."

Jean Baptiste Henri Lacordaire (1802 – 1861) französischer Dominikaner

" Bescheidenes Glück ist die beste Form des Glücks."

Theodor Fontane (1819 – 1898) deutscher Schriftsteller

" Die Schwester des Glücks ist das Leid. Wer es verleugnet, verdrängt oder betäubt, der betäubt auch sein Glück. Nur wer lernt, Leid zu besiegen, macht sich wirklich frei von negativen Gefühlen — findet dauerhaft zu innerer Zufriedenheit."

Dalai Lama

"Das Glück besteht nicht darin, dass du tun kannst, was du willst, sondern darin, dass du immer willst, was du tust."

Leo Tolstoi (1828 – 1910) russischer Schriftsteller

"Der Weg zum Glück besteht darin, sich um nichts zu sorgen, was sich unserem Einfluss entzieht."

Epiktet (50 - 138) griechischer Philosoph und ehemaliger Sklave

"Das Geheimnis des Glücks ist die Freiheit, die Freiheit aber ist der Mut."

Perikles (490 – 429 v.Chr.) griechischer Staatsmann

"Das Glück ist eigentlich der Schlüssel aller unserer Gedanken."

Carl Hilty (1833 – 1909) Schweizer Staatsrechtler, [Glück I, S. 179]

"Vertraue auf dein Glück und du ziehst es herbei."

Lucius Annaeus Seneca (1 – 65) römischer Philosoph

" Lerne Loszulassen, das ist der Schlüssel zum Glück."
Buddha (500 v.Chr.)

" Glück entsteht oft durch Aufmerksamkeit in kleinen Dingen, Unglück oft durch Vernachlässigung kleiner Dinge."
Wilhelm Busch (1832 – 1908) deutscher Dichter und Zeichner

" Das Vergleichen ist das Ende des Glücks und der Anfang der Unzufriedenheit."
Søren Kierkegaard (1813 – 1855) dänischer Philosoph, Theologe und Schriftsteller

" Wer nicht zufrieden ist mit dem, was er hat, der wäre auch nicht zufrieden mit dem, was er haben möchte."
Berthold Auerbach (1812 – 1882) deutscher Schriftsteller

Hund

" Dass mir der Hund das Liebste sei,
sagst du, o Mensch, sei Sünde?
Der Hund blieb mir im Sturme treu,
der Mensch nicht mal im Winde."

Franz von Assisi, Heiliger, 1181 – 1226

" Wenn du einen verhungernden Hund aufliest und pflegst, wird er dich nicht beissen. Das ist der Grundunterschied zwischen Hund und Mensch."

Mark Twain (1835 – 1910), US-amerikanischer Schriftsteller
The Tragedy of Pudd'n'head Wilson, Kap. 16

" Gib dem Menschen einen Hund und seine Seele wird gesund."

Hildegard von Bingen (1098 – 1179) Benediktinerin

" Lieber ein dankbarer Hund als ein undankbarer Mensch."

Saadi (1210 – 1292) persischer Dichter

" Der Hund ist das einzige Wesen auf Erden, das dich mehr liebt als sich selbst."

Josh Billings (1818 – 1885) US-amerikanischer Schriftsteller

" Wer seinen Hund liebt, muss auch seine Flöhe in Kauf nehmen."

Afrikanisches Sprichwort

Redewendungen mit Hund

"Des Pudels Kern"

Bedeutung:
Die Auflösung des Rätsels, der wahre Grund.

Herkunft:
Ein Ausdruck stammt aus einem Zitat aus Goethes „Faust". Ein Pudel gesellt sich zu Faust und Wagner und entpuppt sich später als Mephisto.
[Faus I, Vers 1323]

"Dastehen wie ein begossener Pudel"

Bedeutung:
kleinlaut, eingeschüchtert, in einer peinlichen Situation sein.

Herkunft
Vom Pudelhund der in der Jagd auf Wasservögel pudelnass wurde. Der traurige Anblick des nassen Pudels hat zu dieser Redenswendung geführt.

Indianische Sprichworte

"Erst wenn der letzte Baum gerodet, der letzte Fluss vergiftet, der letzte Fisch gefangen, werdet ihr feststellen, dass man Geld nicht essen kann."

Indianisches Sprichwort der Cree-Indianer

"Es gibt kein "Besser" oder "Schlechter", nur Unterschiede. Diese müssen respektiert werden, egal ob es sich um die Hautfarbe, die Lebensweise oder eine Idee handelt."

Indianisches Sprichwort, Kote Kotah, Chumash-Stamm

"Das Kriegsbeil ist erst begraben, wenn man nicht mehr weiss wo es liegt."

Indianisches Sprichwort

"Kein Frosch trinkt den Teich aus, in dem er lebt."

Indianisches Sprichwort

"Wer die Wahrheit sagt, braucht ein schnelles Pferd."

Indianisches Sprichwort

"Wenn du nur den Bärenspuren im Schnee folgst, siehst du nicht das Kaninchen gleich hinter dir."

Indianisches Sprichwort

"Grosser Geist, bewahre mich davor, über einen Menschen zu urteilen, ehe ich nicht eine Meile in seinen Mokassins gegangen bin."

Indianisches Sprichwort (Apache)

Inspiration

" Gehe du deinen Weg und lass die Leute reden."

Dante Alighieri (1265 – 1321) italienischer Dichter und Philosoph

" Was immer du tun kannst oder träumst es zu können, fang damit an."

Johann Wolfgang von Goethe (1749 – 1832) deutscher Dichter

" Niemand weiss, was er kann, bis er es probiert hat."

Publilius Syrus (85 – 43 v.Chr.) römischer Mimen Autor

Deine erste Pflicht ist es, dich selbst glücklich zu machen. Bist du glücklich, dann machst du auch andere glücklich."

Ludwig Andreas Feuerbach (1804 – 1872) deutscher Philosoph

" Habe Hoffnungen, aber habe niemals Erwartungen.
Dann erlebst Du Wunder, aber niemals Enttäuschungen."

Franz von Assisi (1181 – 1226), Heiliger

" Nichts ist unmöglich, es gibt Wege, die aus jeder Situation führen, und wenn unser Wille stark genug ist, werden wir immer die notwendigen Mittel finden. Es ist oft lediglich eine Ausrede, wenn wir sagen Dinge seien unmöglich."

Francois de La Rochefoucauld (1613 – 1680) französischer Adliger

" Träume dir dein Leben schön und mach aus diesen Träumen eine Realität."

Marie Curie (1867 – 1934) polnische Physikerin und Chemikerin

" Jeder Tag ist eine neue Chance, das zu tun was du möchtest."
Friedrich Schiller (1759 – 1805) deutscher Dichter und Philosoph

" Fünf Vorsätze für jeden Tag:
Ich will die Wahrheit sagen.
Ich will keine Ungerechtigkeit dulden.
Ich will keine Angst haben.
Ich will keine Gewalt anwenden.
Ich will in jedem vorerst das Gute sehen."
Sprichwort aus China

" Geh deinen Weg und lass die Leute reden."
Dante Alighieri (1265 – 1321) italienischer Dichter und Philosoph

" Lieber Einsamkeit und ein Buch und eine Zeitung, als schlechte Gesellschaft, von der man nichts hat als Ärger und mitunter direkte Beleidigung."
Theodor Fontane (1819 – 1898) deutscher Schriftsteller

Kinder

" Wie wenig wir wissen, erkennen wir, wenn unsere Kinder anfangen zu fragen."
Afrikanisches Sprichwort

" Betrunkene und Kinder sagen immer die Wahrheit."
Deutsches Sprichwort

" Wer sich seiner eigenen Kindheit nicht mehr deutlich erinnert, ist ein schlechter Erzieher."
Marie von Ebner-Eschenbach (1830 – 1916) österreichische Schriftstellerin
[Aphorismen, Reclam Verlag, Stuttgart, 2002, S. 6]

" Zwei Dinge sollten Kinder von ihren Eltern bekommen: Wurzeln und Flügel."
Johann Wolfgang von Goethe (1749 – 1832) deutscher Dichter

Lachen

" Das Lächeln, das du aussendest, kehrt immer zu dir zurück."
Indische Weisheit

" Wer den Tag mit einem Lachen beginnt, hat ihn bereits gewonnen."
Marcus Tullius Cicero (106 – 43 v.Chr.) römischer Politiker

" Der verlorenste aller Tage ist der, an dem man nicht gelacht hat."
Nicolas Chamfort (1741 - 1794) französischer Schriftsteller

" Ein Tag, der ohne Lachen war, bringt deine Schönheit in Gefahr, er legt dir Falten ins Gesicht, drum lache viel, vergiss es nicht."
Heinrich Zill (1858 – 1929) deutscher Grafiker und Maler

Leben

" Ich habe heute ein paar Blumen nicht gepflückt, um dir ihr Leben zu schenken."
Christian Morgenstern (1871 – 1914) deutscher Dichter

" Im Leben geht es nicht darum zu warten, dass das Unwetter vorbeizieht, sondern zu lernen im Regen zu tanzen."
Autor unbekannt

" Die Schutzengel unseres Lebens fliegen manchmal so hoch, dass wir sie nicht sehen können, doch verlieren sie uns nie aus den Augen."
Jean Paul (1763 – 1825) deutscher Schriftsteller

" Es gibt kein richtig oder falsch, sondern nur die Konsequenzen unserer Handlungen."
Autor unbekannt

"Es gibt im Leben keine bessere Waffe als den Humor."

Georges Courteline (1858 – 1929) französischer Dramatiker

"Zu nehmen und zu schaffen, mit dem was da ist, ist sicher die vernünftige Art zu leben."

Henry James (1843 – 1916) US-amerikanischer Erzähler

"Ein voller Terminkalender ist noch lange kein erfülltes Leben."

Kurt Tucholsky (1890 – 1935) deutscher Schriftsteller

"Dreierlei ist wichtig im Leben:
Erstens: Toleranz.
Zweitens: Toleranz.
Und drittens: Toleranz."

Henry James (1843 – 1916) US-amerikanischer Erzähler

Menschen

" Es sind die Begegnungen mit Menschen, die das Leben lebenswert machen."
Guy de Maupassant (1850 – 1893), französischer Erzähler

" Nichts ist leichter als Selbstbetrug, denn was ein Mensch wahr haben möchte, hält er auch für wahr."
Demosthenes (384 – 322 v.Chr.) griechischer Redner

" Heirate oder heirate nicht.
Du wirst beides bereuen."
Sokrates (469 – 399 v. Chr.) griechischer Philosoph

" Den wahren Charakter eines Menschen erkennst du daran wie er mit Dir umgeht, wenn er Dich nicht mehr braucht."
Johann Wolfgang von Goethe (1749 – 1832) deutscher Dichter

" In der Wut verliert der Mensch seine Intelligenz."

Dalai Lama

" Gesetzt den Fall, wir würden eines Morgens aufwachen und feststellen, dass plötzlich alle Menschen die gleiche Hautfarbe und den gleichen Glauben haben, wir hätten garantiert bis Mittag neue Vorurteile."

Georg Christoph Lichtenberg (1742 – 1799) deutscher Mathematiker

"Um das Herz und den Verstand eines anderen Menschen zu verstehen, schaue nicht darauf, was er erreicht hat, sondern wonach er sich sehnt."

Khalil Gibran (1883 – 1931) libanesisch-amerikanischer Maler, Philosoph und Dichter

" Es gibt Menschen, die Fische fangen, und solche, die nur das Wasser trüben."

Chinesisches Sprichwort

" Die Arbeit des Erziehers gleicht der eines Gärtners, der verschiedene Pflanzen pflegt. Eine Pflanze liebt den strahlenden Sonnenschein, die andere den kühlen Schatten; die eine liebt das Bachufer, die andere die dürre Bergspitze. Die eine gedeiht am besten auf sandigem Boden, die andere im fetten Lehm. Jede muss die ihrer Art angemessene Pflege haben, anderenfalls bleibt ihre Vollendung unbefriedigend."

Abbas Effendi (1844 – 1921)

" Der kürzeste Weg zwischen zwei Menschen ist ein Lächeln."

Chinesisches Sprichwort

" Einem Menschen, den Kinder und Tiere nicht leiden können, ist nicht zu trauen."

Carl Hilty (1833 – 1909) Schweizer Staatsrechtler
[Glück II]

" Geniale Menschen beginnen grosse Werke, fleissige Menschen vollenden sie."

Leonardo da Vinci (1452 – 1519) italienischer Maler

" Der grosse Jammer mit den Menschen ist, dass sie so genau wissen, was man ihnen schuldet und so wenig Empfindungen dafür haben, was sie anderen schulden."

Franz von Sales (1567 – 1622) Fürstbischof von Genf

" Je ungebildeter ein Mensch, desto schneller ist er mit einer Ausrede fertig."

Marie von Ebner-Eschenbach (1830 – 1916) österreichische Schriftstellerin
[Aphorismen, Aus: Schriften Band 1, Berlin: Paetel. 1893, S. 74]

" Durch nichts bezeichnen die Menschen mehr ihren Charakter als durch das, was sie lächerlich finden."

Johann Wolfgang von Goethe (1749 – 1832) deutscher Dichter
Die Wahlverwandtschaften II, 4. Ottiliens Tagebuche]

" Beim Menschen ist kein Ding unmöglich, im Schlimmen wie im Guten."

Christian Morgenstern (1871 – 1914) deutscher Dichter

" Eine Mutter ist der einzige Mensch auf der Welt, der dich schon liebt, bevor er dich kennt."

Johann Heinrich Pestalozzi (1746 – 1827) Schweizer Pädagoge

" Wer mit sich selbst in Frieden leben will, muss sich so akzeptieren wie er ist."

Selma Lagerlöf (1858 - 1940) schwedische Schriftstellerin

" Willst du den Charakter eines Menschen erkennen, so gib ihm Macht."

Abraham Lincoln (1809 – 1865) 16. Präsident der USA

" Wer zur Quelle gehen kann, gehe nicht zum Wassertopf."

Leonardo da Vinci (1452 1519) italienischer Maler, Bildhauer

" Beurteile einen Menschen lieber nach seinen Handlungen als nach seinen Worten: denn viele handeln schlecht und sprechen vortrefflich."
Matthias Claudius (1740 – 1815) deutscher Dichter

" Fanatiker sind ehrlich überzeugte Menschen, aber gleich anderen Geisteskranken in dieser Welt nicht zurechnungsfähig. Fanatismus ist eine der gefährlichsten Krankheiten. Er weckt alles Böse in der menschlichen Natur. Er reizt den Menschen auf zu Zorn und Hass und verwandelt ihn in einen Tiger."
Vivekanada (1863 – 1902) hinduistischer Mönch und Gelehrter

" Der Mensch sollte sich niemals genieren, einen Irrtum zuzugeben, zeigt er doch damit, dass er sich entwickelt, dass er gescheiter ist als gestern."
Jonathan Swift (1667 – 1745) anglo-irischer Schriftsteller und Satiriker

" Man kann einem Menschen nichts lehren. Man kann ihm nur helfen, es in sich selbst zu entdecken."

Galileo Galilei (1564 – 1642) italienischer Philosoph, Astronom

" Wer nicht kann, was er will, muss wollen, was er kann."

Leonardo da Vinci (1452 1519) italienischer Maler, Bildhauer

" Gute Menschen brauchen keine Gesetze, um gezeigt zu bekommen, was sie nicht dürfen, während böse Menschen einen Weg finden werden, die Gesetze zu umgehen."

Platon (428 – 348 v.Chr.) griechischer Philosoph

" Der Mensch hat zwei Ohren und eine Zunge, damit er doppelt so viel hören kann, wie er spricht."

Epiktet (50 - 138) griechischer Philosoph und ehemaliger Sklave

" Viele Leute glauben, wenn sie einen Fehler eingestanden haben, brauchten sie ihn nicht mehr abzulegen."

Marie von Ebner-Eschenbach (1830 – 1916) österreichische Schriftstellerin
[Aphorismen, Aus: Schriften Band 1, Berlin: Paetel. 1893, S. 41]

" Genau genommen, leben sehr wenige Menschen in der Gegenwart. Die meisten bereiten sich vor, demnächst zu leben."

Jonathan Swift (1667 – 1745) anglo-irischer Schriftsteller und Satiriker, Aphorismen 87

" Dumme rennen, Kluge warten,
Weise gehen in den Garten."

Rabindranath Tagore (1861 – 1941) bengalischer Dichter

" Keiner ist so verrückt, dass er nicht einen noch Verrückteren findet, der ihn versteht."

Friedrich Nietzsche (1844 – 1900) deutscher Philologe und Philosoph

" Ist der Ruf erst ruiniert, lebt es sich ungeniert."
Wilhelm Busch (1832 – 1908) deutscher Dichter und Zeichner

" Kein Mensch ist so wichtig, wie er sich nimmt."
Immanuel Kant (1724 – 1804) deutscher Philosoph

" Ich will gar nicht, dass mich jeder mag. Die Zuneigung gewisser Personen liesse mich sogar in der Selbstachtung sinken."
Henry James (1843 – 1916) US-amerikanischer Erzähler

" Manchmal wollen Menschen die Wahrheit nicht hören, denn das würde ihre ganze Illusion zerstören."
Friedrich Nietzsche (1844 – 1900) deutscher Philologe und Philosoph

" Beim Spiel kann man einen Menschen in einer Stunde besser kennenlernen, als im Gespräch in einem Jahr."
Platon (427 – 347 v.Chr.) griechischer Philosoph

" Wir sind stark, wenn wir zusammenhalten: die Starken und Schwachen, die Jungen und Alten."

Kurt Tucholsky (1890 – 1935) deutscher Schriftsteller
[über den Dächern: aus Lerne lachen, 1931]

" Wenn Fünfzig Millionen Menschen etwas Dummes sagen, bleibt es trotzdem eine Dummheit."

Anatole France (1844 – 1924) französischer Schriftsteller

" Die Grösse eines grossen Mannes zeigt sich darin, wie er die kleinen Leute behandelt."

Thomas Carlyle (1795 – 1881) schottischer Philosoph und Schriftsteller

" Lernen besteht in einem Erinnern an Informationen, die bereits seit Generationen in der Seele des Menschen wohnen."

Sokrates (469 – 399 v. Chr.) griechischer Philosoph

Segeln

" Nicht der Wind, sondern das Segel bestimmt die Richtung."

Chinesisches Sprichwort

" Bei schönem Wetter kann jeder segeln. Erst bei Sturm zeigt sich der wahre Kapitän."

Deutsches Sprichwort

" Kein Wind ist demjenigen günstig, der nicht weiss, wohin er segeln will."

Michel de Montaigne (1533 – 1592) französischer Philosoph

" In 20 Jahren wirst du mehr enttäuscht sein über die Dinge, die du nicht getan hast, als über die Dinge, die du getan hast.
Also löse die Knoten, laufe aus dem sicheren Hafen aus und erfasse mit deinen Segeln die Passatwinde."

Mark Twain (1835 – 1910), US-amerikanischer Schriftsteller

" Wir können den Wind nicht ändern, aber wir können die Segel anders setzen."

Aristoteles (384 – 322 v.Chr.) griechischer Philosoph

" Der Pessimist klagt über den Wind, der Optimist hofft, dass er dreht, der Realist richtet das Segel aus."

Sir Adolphus William Ward (1837 – 1924) britischer Historiker

Stärke

" Eine Eiche und ein Schilfrohr stritten über ihre Stärke. Als ein heftiger Sturm aufkam, beugte und wiegte sich das Schilfrohr im Wind, um nicht entwurzelt zu werden. Die Eiche aber blieb aufrecht stehen und wurde entwurzelt."

Äsop (um 550 v.Chr.) griechischer Dichter und Sklave von Samos

" Das höchste Ziel der Kampfkunst ist sie nicht einsetzen zu müssen."

Miyamoto Musashi (1584 – 1645) Samurai

" Beherzt ist nicht, wer keine Angst kennt, beherzt ist, wer die Angst kennt und sie überwindet."

Khalil Gibran (1883 – 1931) libanesisch-amerikanischer Maler, Philosoph und Dichter

" Besiegt ist, wer entmutigt aufgibt."

Franz von Sales (1567 – 1622) Fürstbischof von Genf

" Der Fanatismus ist nämlich die einzige "Willensstärke", zu der auch die Schwachen und Unsicheren gebracht werden können."
Friedrich Nietzsche (1844 – 1900) deutscher Philologe und Philosoph

" Der letzte Beweis von Grösse liegt darin, Kritik ohne Groll ertragen."
Victor Marie Hugo (1802 – 1885) französischer Lyriker und Maler

" Stark zu sein bedeutet nicht nie zu fallen, sondern immer wieder aufzustehen."
Autor unbekannt

" Nicht weil es schwer ist, wagen wir es nicht, sondern weil wir es nicht wagen, ist es schwer."
Lucius Annaeus Seneca (1 – 65) römischer Philosoph

Wahrheit

"Man muss das Wahre immer wiederholen, weil auch der Irrtum um uns herum immer wieder gepredigt wird, und zwar nicht von einzelnen, sondern von der Masse"
Johann Wolfgang von Goethe (1749 – 1832) deutscher Dichter

"Die Wahrheit kann auch eine Keule sein, mit der man andere erschlägt."
Anatole France (1844 – 1924) französischer Erzähler und Lyriker

" Wahre Reue ist niemals zu spät, aber späte Reue ist selten wahr."

Henry James (1843 – 1916) US-amerikanischer Erzähler

" Eine Lüge ist bereits dreimal um die Erde gelaufen, bevor sich die Wahrheit die Schuhe anzieht."

Mark Twain (1835 – 1910), US-amerikanischer Schriftsteller

" Alles was du sagst, sollte wahr sein. Aber nicht alles was wahr ist, solltest du sagen."

Voltaire (1694 – 1778), französischer Philosoph und Schriftsteller

" Man muss nicht alles glauben, was man hört."

Marcus Tullius Cicero (106 – 43 v.Chr.) römischer Staatsmann

Weisheiten aus aller Welt

" Man soll sich nicht ärgern, dass der Rosenstrauch Dornen trägt. Man soll sich freuen, dass der Dornenstrauch Rosen trägt."

Arabische Weisheit

" Die Ehe ist nicht wie heisser Reis, den man ausspucken kann, wenn er einem den Mund verbrennt."

Philippinische Weisheit

" Wer einen Freund sucht ohne Fehler, bleibt ohne Freund."

Türkische Weisheit

" Das ist ein schlimmer Koch, der erst den Löffel sucht, wenn der Topf überläuft."

Deutsches Sprichwort

" Willst du dein Land verändern,
verändere deine Stadt.
Willst du deine Stadt verändern,
verändere deine Strasse.
Willst du deine Strasse verändern,
verändere dein Haus.
Willst du dein Haus verändern,
verändere dich selbst."

Arabische Weisheit

" Die Ungeschickten
schimpfen immer
aufs Werkzeug."

Russische Weisheit

" Der Satte
versteht den
Hungrigen nicht."

Russische Weisheit

" Nur ein ruhendes Wasser wird wieder klar."

Tibetanische Weisheit

"Nimm es als Vergnügen, und es ist Vergnügen.
Nimm es als Qual, und es ist Qual!"

Indische Weisheit

"Was der Esel sagt, das glaubt er."

Arabische Weisheit

"Unter einem alten Hut ist oft ein guter Kopf."

Niederländisches Sprichwort

"Man muss die Dinge nehmen, wie sie kommen. Und wenn sie nicht kommen, muss man ihnen entgegen gehen."

Finnisches Sprichwort

"Mit einer Hand lässt sich keinen Knoten knüpfen."

Mongolisches Sprichwort

" Wer Fragen stellt, muss auch akzeptieren, dass er Antworten bekommt."
Afrikanisches Sprichwort

" Man muss mit den Rudern rudern, die man hat."
Dänische Weisheit

" Ein Besuch macht immer Freude. Entweder beim Kommen oder beim Gehen."
Portugiesische Weisheit

" Der Gescheitere gibt nach, der Esel bleibt stehen."
Schweizerische Weisheit

" Eine Lüge, die ein Leben erhält, ist besser als eine Wahrheit, die ein Leben zerstört."
Isländische Weisheit

" Wer den Tag mit Lachen beginnt, hat ihn bereits gewonnen."

Tschechische Weisheit

" Wende dein Gesicht der Sonne zu, dann fallen die Schatten hinter dich."

Weisheit aus Uganda

" Das Lächeln, das du aussendest, kehrt zu dir zurück."

Indische Weisheit

" 5 Minuten Hilfe sind besser als zehn Tage Mitleid."

Rumänische Weisheit

" Der gute Vorsatz ist ein Gaul, der oft gesattelt, aber selten geritten wird."

Mexikanische Weisheit

"Was die Seife für den Körper, das ist das Lachen für die Seele."
Jüdisches Sprichwort

"Wenn ich schon sündige, dann aber richtig und ohne schlechtes Gewissen."
Peruanische Weisheit

"Wer alles bloss des Geldes wegen tut, wird bald des Geldes wegen alles tun."
Italienische Weisheit

"Glücklich sein ist wie eine herrliche Süssspeise:
Möge dir das Leben mehr davon geben, als du je aufessen kannst."
Irischer Segenswunsch

"Wer nichts sehen will, dem hilft auch keine Brille."
Deutsche Weisheit

" Ist der Wagen einmal umgekippt, so fehlt es nicht an Ratschlägen."

Bulgarische Weisheit

" Jedes Mal, wenn du dich in das Drama einer anderen Person gezogen fühlst, wiederhole diese Worte:
Nicht mein Zirkus.
Nicht meine Affen."

Polnisches Sprichwort

" Freundschaft, die mit Schnaps geschlossen wird, verdunstet schnell."

Wallonische Weisheit

"Freunde sind wie Sterne: Du siehst sie nicht immer, aber sie sind immer für dich da."
Spanische Weisheit

"Höflichkeit und Treue bringt nimmer Reue."
Deutsches Sprichwort

"Wer deine Last nicht getragen hat, weiss nicht, was sie wiegt."
Afrikanische Weisheit

"Hast du etwas zwei Jahre auf die gleiche Art erledigt, betrachte es sorgfältig.
Hast du es fünf Jahre getan, betrachte es misstrauisch.
Hast du es gar zehn Jahre getan, dann hör damit auf und mach es anders."
Griechische Weisheit

"Gehst du langsam durch dein Leben, so wird man dich antreiben; rennst du, so wird man dir ein Bein stellen."

Jüdisches Sprichwort

"Wer eine rasche Zunge hat, soll wenigstens langsam denken."

Kretisches Sprichwort

"Ich wünsche dir die Fröhlichkeit eines Vogels im Ebereschenbaum am Morgen,
die Lebensfreude eines Fohlens auf der Koppel am Mittag,
die Gelassenheit eines Schafes auf der Weide am Abend."

Altirischer Segenswunsch

"Wer auf allen Wegen geht, verfehlt den Weg nach Hause."

Senegalesisches Sprichwort

"Die beste Zeit, einen Baum zu pflanzen, war vor 20 Jahren. Die nächstbeste Zeit ist jetzt."
Ugandisches Sprichwort

"Das Gras wächst nicht schneller, wenn man daran zieht."
Afrikanisches Sprichwort

"Man kann mit der Zunge lügen, aber nicht mit den Augen."
Belgisches Sprichwort

"Der Frosch, der im Brunnen lebt, beurteilt das Ausmass des Himmels, der sich darüber wölbt, nach dem Brunnenrand."
Mongolisches Sprichwort

"Was du am meisten liebst, erkennst du beim Verlust."
Polnisches Sprichwort

Welt

" Wer die Welt bewegen will, sollte erst sich selbst bewegen."
Sokrates (469 – 399 v. Chr.) griechischer Philosoph

" Jeder Mensch hat die Chance, mindestens einen Teil der Welt zu verbessern, nämlich sich selbst."
Paul de Lagarde (1827 – 1891) deutscher Kulturphilosoph

" Nichts auf der Welt ist so gerecht verteilt wie der Verstand. Denn jedermann ist überzeugt, dass er genug davon habe."
René Descartes (1596 – 1650) französischer Philosoph

" Die gefährlichste aller Weltanschauungen ist die der Leute, welche die Welt nie angeschaut haben."
Alexander von Humboldt (1769 – 1859) deutscher Naturforscher

"Niemals in der Welt hört Hass durch Hass auf. Hass hört durch Liebe auf."

Buddha (500 v.Chr.)

"Bevor du dich daran machst, die Welt zu verbessern, gehe dreimal durch dein eigenes Haus."

Chinesisches Sprichwort

"Jeder kehre vor der eigenen Tür, und die Welt ist sauber."

Johann Wolfgang von Goethe (1749 – 1832) deutscher Dichter

"Glaube bloss nicht, die Welt schuldet dir einen Lebensunterhalt. Die Welt schuldet dir gar nichts! Sie war vor dir da."

Mark Twain (1835 – 1910) US-amerikanischer Schriftsteller

Wissen

" Der Vorteil der Klugheit besteht darin,
dass man sich dumm stellen kann.
Das Gegenteil ist schon schwieriger."

Kurt Tucholsky (1890 – 1935) deutscher Schriftsteller

" Man muss viel
gelernt haben,
um über das,
was man nicht
weiss, fragen zu
können."

Jean-Jacques Rousseau
(1712-1778) Schriftsteller
und Philosoph

" Der Kluge lernt aus allem und von jedem,
der Normale aus seinen Erfahrungen und
der Dumme weiss alles besser."

Sokrates (469 – 399 v. Chr.) griechischer Philosoph

" Versuchungen sollte man nachgeben. Wer weiss, ob sie wiederkommen!"
Oscar Wilde (1854 – 1900) irischer Schriftsteller
[Das Bildnis des Dorian Gray]

" Was wir wissen ist ein Tropfen; was wir nicht wissen, ein Ozean."
Isaac Newton (1643 – 1727) englischer Naturforscher

" Wer nichts weiss, muss alles glauben."
Marie von Ebner-Eschenbach (1830 – 1916) österreichische Schriftstellerin
[Aphorismen, Aus: Schriften, Band 1, Berlin:Paetel. 1893 S.21]

" Für den unwissenden Menschen gibt es nichts Besseres als Schweigen. Wenn er das aber wüsste, so wäre er kein Unwissender."
Saadi (1210 – 1292) persischer Dichter

" Sage nicht alles, was du weisst, aber wisse immer, was du sagst."
Matthias Claudius (1740 – 1815) deutscher Dichter

" Alles Wissen besteht in einer sicheren und klaren Erkenntnis."

René Descartes (1596 – 1650) französischer Philosoph
[Regeln zur Leitung des Geistes]

" Man kann vieles unbewusst wissen, indem man es nur fühlt aber nicht weiss."

Fjodor Michailowitsch Dostojewski (1821 – 1881) russischer Schriftsteller

" Man muss schon etwas wissen, um verbergen zu können, dass man nichts weiss."

Marie von Ebner-Eschenbach (1830 – 1916) österreichische Schriftstellerin
[Aphorismen, Aus: Schriften Band 1, Berlin: Paetel. 1893, S. 60]

" Es gibt nur ein einziges Gut für den Menschen: Die Wissenschaft.
Und nur ein einziges Übel:
Die Unwissenheit."

Sokrates (469 – 399 v. Chr.) griechischer Philosoph

" Überall geht ein früheres Ahnen dem späteren Wissen voraus."
Alexander von Humboldt (1769 – 1859) deutscher Naturforscher [Kosmos]

" Du kannst niemals wissen wo deine Grenze ist, wenn du sie nicht ein einziges Mal erreicht hast."
Autor unbekannt

" Zu wissen, was man weiss, und zu wissen, was man tut, das ist Wissen."
Konfuzius (551 – 479 v.Chr.) chinesischer Philosoph

" Sag nicht alles, was du weisst, aber wisse immer, was du sagst."
Matthias Claudius (1740 – 1815) deutscher Dichter

" Wissen entsteht nicht durch Zuhören ohne sich das Gehörte ins Gedächtnis zu prägen."
Dante Alighieri (1265 – 1321) italienischer Dichter und Philosoph

" Der Klügere gibt nach — Eine traurige Wahrheit: sie begründet die Weltherrschaft der Dummen."

Marie von Ebner-Eschenbach (1830 – 1916) österreichische Schriftstellerin

" Kein Wissen scheint schwerer zu erwerben als die Erkenntnis, wann man aufhören muss."

Jonathan Swift (1667 – 1745) anglo-irischer Schriftsteller und Satiriker

" Wer die Enge seiner Heimat ermessen will, reise.
Wer die Enge seiner Zeit ermessen will, studiere Geschichte."

Kurt Tucholsky (1890 – 1935) deutscher Schriftsteller
[Interessieren Sie sich für Kunst? In: Zürcher Student, Nr.2, 1.Mai 1926, S. 64]

" Alle sagten immer das geht nicht, dann kam jemand, der das nicht wusste, und hat es einfach gemacht!"

Autor unbekannt

" Man muss die Tatsachen kennen, bevor man sie verdrehen kann."

Mark Twain (1835 – 1910), US-amerikanischer Schriftsteller

" Viele Dinge zu wissen, bedeutet noch nicht, sie zu verstehen."

Heraklit (540 – 480 v.Chr.) griechischer Philosoph

Zeit

" Es ist nicht zu wenig Zeit, die wir haben, sondern es ist zu viel Zeit, die wir nicht nutzen."

Lucius Annaeus Seneca (1 – 65) römischer Philosoph

" Es gibt Diebe, die nicht bestraft werden und einem doch das kostbarste stehlen: die Zeit."

Napoleon (1769 – 1821) französischer General und Diktator

" Man sollte nie so viel zu tun haben, dass man zum Nachdenken keine Zeit mehr hat."

Georg Christoph Lichtenberg (1742 – 1799) deutscher Mathematiker

" Nichts ist so sehr für die gute alte Zeit verantwortlich wie das schlechte Gedächtnis."

Anatole France (1844 – 1924) französischer Schriftsteller

" Es ist nie zu spät, das zu werden, was man hätte sein können."

George Eliot (1819 – 1880) englische Schriftstellerin

" Verbringe nicht die Zeit mit der Suche nach einem Hindernis. Vielleicht ist keins da."

Franz Kafka (1883 – 1924) tschechisch und deutsch österreichischer Schriftsteller

" Wenn jemand sagt er habe keine Zeit, bedeutet das nur, dass ihm andere Dinge wichtiger sind."

Chinesisches Sprichwort

" Wer sich heute freuen kann, der soll nicht bis morgen warten."

Johann Heinrich Pestalozzi (1746 – 1827) Schweizer Pädagoge

" Wer die Zeit anklagt, will sich nur herausreden."

Thomas Fuller (1608 – 1661) englischer Prediger

Zufriedenheit

" Willst du jemanden reich machen, musst du ihm nicht das Gut mehren, sondern seine Bedürfnisse mindern."

Epikur (341 – 270 v.Chr.) griechischer Philosoph

" Ich kenne keinen sicheren Weg zum Erfolg, aber einen sicheren Weg zum Misserfolg: Es allen Recht machen zu wollen."

Platon (428 – 348 v.Chr.) griechischer Philosoph

" Wenn du einen Garten und eine Bibliothek hast, wird es dir an nichts fehlen."

Marcus Tullius Cicero (106 – 43 v.Chr.) römischer Politiker

Zum Schmunzeln

"Lege dir jeden Tag für deine Sorgen eine halbe Stunde zurück und in dieser Zeit mache ein Schläfchen."
Lao-Tse (6. Jahrhundert v.Chr.)

"Bewirft dich jemand mit Dreck, wirf mit Blumen zurück, aber vergiss die Vase dabei nicht."
Autor unbekannt

"Es gibt nichts Schöneres, als zu wissen, dass man für den nächsten Tag keinen Wecker stellen muss!"
Skandinavisches Sprichwort

"Der Betrunkene sagt, was der Nüchterne denkt."
Autor unbekannt

" Amerika hat uns niemals verziehen, dass Europa ein wenig früher entdeckt worden ist."
Oscar Wilde (1854 – 1900) irischer Schriftsteller
[The American Man, 1887]

" Wenn der, der zuhört, nicht weiss, was der, der spricht, meint, und wenn der, der spricht, nicht weiss, was sein Sprechen bedeutet — das ist Philosophie."
Voltaire (1694 – 1778), französischer Philosoph und Schriftsteller

" Schlauer Mann + schlaue Frau = Romanze
Schlauer Mann + dumme Frau = Affäre
Dummer Mann + dumme Frau = Schwangerschaft
Dummer Mann + schlaue Frau = Shopping."
Autor unbekannt

"Versuche niemals jemanden so zu machen, wie du selbst bist. Du solltest wissen, dass einer von deiner Sorte genug ist."
Ralph Waldo Emerson (1803 – 1882) US-amerikanischer Philosoph

" Niemand ist uns so sympathisch, wie der Mensch der uns frisch heraus seine Meinung sagt — vorausgesetzt, sie deckt sich mit der unseren."

Mark Twain (1835 – 1910) US-amerikanischer Schriftsteller

" Erst wenn eine Mücke auf deinem Hoden landet, wirst du lernen Probleme ohne Gewalt zu lösen."

Konfuzius (551 – 479 v.Chr.) chinesischer Philosoph

" Verschiebe nicht auf morgen, was genauso gut auf übermorgen verschoben werden kann."

Mark Twain (1835 – 1910) US-amerikanischer Schriftsteller
[The Late Benjamin Franklin; Benjamin Franklin in den Mund gelegt]

" Jemand, der sich ständig in seinen Gefühlen verletzt fühlt, ist ein so angenehmer Gefährte wie ein Kieselstein in einem Schuh."

Elbert Hubbard (1856 – 1915) US-amerikanischer Schriftsteller

"Erfahrung heisst gar nichts. Man kann seine Sache auch 35 Jahre schlecht machen."
Kurt Tucholsky (1890 – 1935) deutscher Schriftsteller

"Nimm das Leben nicht so ernst, du kommst da ja doch nicht lebend raus."
Elbert Hubbard (1856 – 1915) US-amerikanischer Schriftsteller

"Das Schönste aller Geheimnisse: ein Genie zu sein und es als einziger zu wissen."
Mark Twain (1835 – 1910) US-amerikanischer Schriftsteller

"Manchmal ertappe ich mich dabei, wie ich mit mir selbst rede. Und dann lachen wir beide."
Autor unbekannt

"Ein Banker ist jemand, der bei Sonnenschein einen Regenschirm verleiht und ihn bei Regen wiederhaben will."
Mark Twain (1835 – 1910), US-amerikanischer Schriftsteller

" Der Mensch ist ein Lebewesen, das klopft, schlechte Musik macht und seinen Hund bellen lässt. Manchmal gibt er auch Ruhe, aber dann ist er tot."

Kurt Tucholsky (1890 – 1935) deutscher Schriftsteller

" Es gibt unglückliche Menschen. Christoph Kolumbus kann seiner Entdeckung nicht seinen Namen geben, Guillotin bringt den seinen nicht mehr von ihr los."

Victor Marie Hugo (1802 – 1885) französischer Lyriker und Maler

" Alter bringt nicht immer Weisheit mit sich. Manchmal kommt es auch allein."

Mark Twain (1835 – 1910), US-amerikanischer Schriftsteller

" Versuchungen bekämpft man am besten mit Geldmangel und Rheumatismus."

Joachim Ringelnatz (1883 – 1934) deutscher Schriftsteller

Poesiesprüche

" Glaube an Wunder, Liebe und Glück!
Schaue nach vorn und nicht zurück!
Tu was du willst, und steh dazu:
Denn dein Leben lebst nur du!"
Autor unbekannt

" Auch wenn alle Blumen welken,
auch wenn alle Zeit vergeht,
auch wenn sich die Welt verändert,
wir haben eine Freundschaft, die stets besteht."
Volksweisheit

" Älter werden schliesslich alle,
doch eines gilt in jedem Falle:
Jeweils alle Lebenszeiten
haben ganz besondere Seiten.
Wer sie sinnvoll nutzt mit Schwung,
der bleibt 100 Jahre jung."
Arthur Schopenhauer (1788 – 1860) deutscher Philosoph

" Die Liebe bricht herein wie Wetterblitzen,
die Freundschaft kommt dämmernd Mondenlicht.
Die Liebe will erwerben und besitzen,
die Freundschaft opfert, doch sie fordert nicht."

Emanuel Geibel (1815 – 1884) deutscher Lyriker

" Kommt irgendwo ein Kind zur Welt,
ein Engel sich danebenstellt,
und Tag für Tag und Nacht für Nacht,
ein Leben lang es nun bewacht."

Autor unbekannt

" In allem, was du denkst, sei klar.
In allem, was du sprichst, sei wahr,
in allem was du bist, sei du,
dann lächelt auch das Glück dir zu."

Autor unbekannt

" In dein Album schreib ich fix hinein,
wir wollen immer Freunde sein."

Autor unbekannt

" Veilchen blühn am Wegesrand,
Vergissmeinnicht am Bach,
und wenn du einmal traurig bist,
dann denk an mich und lach."

Johann Wolfgang von Goethe (1749 – 1832) deutscher Dichter

" Ein gutes Wort, ein frohes Lachen,
kann dich und andere glücklich machen."

Volksweisheit

" Willst du glücklich sein im Leben,
trage bei zu andrer Glück;
denn die Freude, die wir geben,
kehrt ins eigne Herz zurück."

Johann Wolfgang von Goethe (1749 – 1832) deutscher Dichter

" Wenn zwei kleine Regentropfen
leise an dein Fenster klopfen,
so denke still bei dir,
dies ist ein Gruss von mir."

Volksweisheit

"Ich wünsche dir:
dass du liebst, als hätte dich noch nie jemand verletzt,
dass du tanzt, als würde keiner hinschauen,
dass du singst, als würde keiner zuhören, dass du lebst, als wäre das Paradies hier auf Erden."

Irischer Segenswunsch

" Bist du traurig?
Hast du Sorgen?
Soll ich dir mein Lächeln borgen?
Nimm es nur und nutz es gut,
dass es seine Wirkung tut!
Hilft es dir und bringt dir Glück,
gibs mir irgendwann zurück!."

Autor unbekannt

" Lass dich heut mit allem Schönen, so wie du es verdienst, verwöhnen.
Und wir wünschen dir, und nicht nur heut, alles, was dein Herz erfreut."

Autor unbekannt

" Bedenke stets, dass alles vergänglich ist; dann wirst du im Glück nicht zu fröhlich und im Leid nicht zu traurig sein."

Sokrates (469 – 399 v. Chr.) griechischer Philosoph

" Du sollst Schönes behalten
und Schlechtes vergessen,
dich dankbar erinnern,
was du schon besessen.
Dinge, die kostbar, auch wenn sie klein.
Freundschaft, die echt war und Liebe die rein.
Sieh hinter dir Säulen, nicht nur die Trümmer,
hast auch viel du verloren, viel bleibt dir noch immer.
Zähl die Tage der Freude,
nicht die Tage der Tränen.
Dankbar für jeden gesunden und schönen."

Autor unbekannt

Lebensmottos und Glaubenssätze

Lebensmottos und Glaubenssätze sind Überzeug-ungen, Annahmen oder Meinungen die wir schon seit vielen Jahren oder der Kindheit hören, durch eigene Erfahrungen oder von anderen Menschen aufgebaut oder übernommen haben.
Jeder von uns trifft in seinem Leben auf solche, die uns ansprechen, uns bestätigen, uns prägen im Fühlen, Denken und Handeln. Sie können uns in verschiedenen Situationen im Leben unterstützen.
Teilweise benutzen wir sie auch ohne genau über den Sinn nachzudenken und je mehr wir sie wiederholen, je mehr halten wir sie für wahr. Aber nicht alle Glaubenssätze sind positiv formuliert, es gibt auch solche mit einschränkendem Fokus.
Folgend einige Beispiele mit negativem Fokus, die Ihnen sicher auch schon begegnet sind:

" Es wird gegessen was auf den Tisch kommt."
" Was auf dem Teller ist, wird aufgegessen."

Durch diese Glaubenssätze wird dann nicht auf das eigene Sättigungsgefühl gehört, sondern schön aufgegessen, weil man das ja so macht.
Am besten formulieren wir diesen um:

" Ich höre auf zu Essen, sobald ich satt bin."

Weitere Beispiele:

" Ich bin immer Letzter".
" Ich schaffe das sowieso nicht".

Wenn diese Sätze immer wiederholt werden, ist es nicht verwunderlich, wenn wir das irgendwann glauben und nicht mehr erstaunt sind, wenn wir wirklich fast immer Letzter sind.

Aber nun genug von negativen Beispielen, darum wenden wir uns jetzt den positiven Beispielen zu. Folgend eine kleine Sammlung von positiven Lebensmottos und Glaubenssätzen. Bei einigen habe ich noch ergänzende Kommentare hinzugefügt.

" Carpe Diem (Nutze den Tag)."

" Shit Happens — es kommt immer darauf an wie man darauf reagiert."

" Es geht auch einfacher."

" Legt man dir Steine in den Weg, entscheidest du selbst, was du daraus machst: Mauern oder Brücken."

" Schlimmer geht immer (es könnte noch schlimmer sein."
Alleine gestanden, hört sich dieses Motto oder Glaubenssatz nicht positiv an. Aber dies ist so gemeint, dass wenn schon einiges Schlimmes eingetreten ist, es ja noch schlimmer hätte kommen können, eine Art Galgenhumor.

" Jedes Problem kann gelöst werden!"

" Beisse nie die Hand, die dich füttert."

" Bricht das Dach über dir zusammen, dann kannst du die Sterne sehen."

" Es gibt keine Probleme, ausser man schafft sie sich selbst."

" Gib jedem Tag die Chance, der schönste deines Lebens zu werden."

Mark Twain (1835 – 1910) US-amerikanischer Schriftsteller

" Akzeptiere oder verändere."
" Nicht hadern!"

Diese Mottos gehören für mich zusammen. Im Leben gibt es immer wieder Situationen, ob im Beruf, in der Partnerschaft oder Ehe, in den Hobbies etc., an dem man ins Hadern kommt. Man wird unzufrieden und fühlt sich nicht mehr wohl und lässt das die Personen im Umfeld spüren. Das ist der Moment in dem man sich entscheiden kann, entweder man akzeptiert die Situation wie sie ist und macht das Beste daraus oder man verändert die Situation. Man kann den Beruf wechseln, die Partnerschaft hinterfragen etc. und dann etwas verändern, aber nicht hadern. Damit wird niemand glücklich.

" Wer im Glashaus sitzt soll nicht mit Steinen werfen."

" Behandle andere so, wie du selbst gerne behandelt werden möchtest."

" Das Leben ist zu kurz, um es mit Suchen zu verbringen."

" Der Weg ist das Ziel."

" Am Ende wird alles gut."

" Was mich nicht umbringt, macht mich stärker."
Friedrich Nietzsche (1844 – 1900) deutscher Philologe und Philosoph

Bauernregeln

Allgemeine Regeln

"Junge Rebe muss verdorren,
kommt sie neben alten Knorren."

" Vor den Eichen sollst du weichen,
vor den Fichten sollst du flüchten,
doch die Buchen sollst du suchen."

" Wenn die Spinnen im Regen spinnen
wird er nicht lange rinnen."

" Wer's Unkraut ein Jahr lässt stehen,
kann sieben Jahre jäten gehen."

" Wenn die Laubfrösche knarren —
magst du auf Regen harren."

Wetterregeln auf Monate bezogen

Januar

" Januar ganz ohne Schnee,
tut den Bäumen weh."

" Januar im Nebel weiss
schickt im Märzen Schnee und Eis."

" Ist der Januar kalt und weiss,
kommt der Frühling ohne Eis."

" Ist der Januar frostig und kalt,
lockt uns bald der grüne Wald."

" Schlummert im milden Januar das Grün
so wird zeitig der Garten blühn."

" Wie viel Regentropfen ein Januar,
soviel Schneeflocken im Mai."

" Wächst das Gras im Januar
wächst es schlecht das ganze Jahr."

Februar

" Viel Regen im Februar,
viel Sonnenschein das ganze Jahr."

" Wenn es im Februar nicht schneit
dann schneit es in der Osterzeit."

" Im Februar Schnee und Eis,
macht den Sommer heiss."

" Wenn im Februar die Mücken schwärmen
muss man im März die Ohren wärmen."

" Viel Nebel im Februar,
viel Regen das ganze Jahr."

" Rauer Februar, schöner August."

" Weisser Februar stärkt die Felder."

" Februar mit Sonnenschein und Vogelsang,
macht dem Bauern Angst und Bang."

März

" Märzenregen bringt keinen Segen."

" Wenn im März viel Winde weh'n,
so wird's im Mai dann warm und schön."

" Ein feuchter März ist des Bauern Schmerz."

" Ein heiterer März erfreut des Bauern Herz."

" Gibt's im März viel Regen,
bringt die Ernte wenig Segen."

" März nicht zu trocken und nass,
füllt dem Bauern Scheune und Fass."

" Donnert's im März, so schneit's im Mai."

" Wie der 29. März, so der Frühling."
" Wie der 30. März, so der Sommer."
" Wie der 31. März, so der Herbst."

April

" April nass und kalt,
wächst das Korn wie ein Wald."

" Hat der April mehr Regen als Sonnenschein,
so wird's im Juni trocken sein."

" April, April, der macht was er will."

" Bauen im April die Schwalben
gibt's Futter, Korn und Kalben."

" Was im April blüht, erfriert oft im Mai."

" Siehst du im April die Falter tanzen
magst du getrost im Garten pflanzen."

" Regen im April, jeder Bauer will."

" Trockener April stellt die Mühlen still."

Mai

"Mai kühl und nass,
füllt dem Bauern Scheune und Fass."

"Maikäferjahr — ein gutes Jahr."

"Auf nassen Mai kommt ein trockener Juni herbei."

"Erst in der Mitte des Mai,
ist der Winter vorbei."

"Wenn's im Mai viel regnet, ist das Jahr gesegnet."

"Ein kalter Mai tötet das Ungeziefer und verspricht eine gute Ernte."

"Ist der Mai recht warm und trocken, macht er alles Wachstum stocken."

Juni

" Juni kalt und nass,
lässt leer Scheune und Fass."

" Bleibt es im Juni kühl,
wird's dem Bauern schwül."

" Gibt es im Juni Donnerwetter
wird auch das Getreide fetter."

" Ist der Juni warm und nass,
gibt's viel Frucht und grünes Gras."

" Wenn's im Juni viel regnet
ist der Graswuchs gesegnet."

" Juni, mehr trocken als nass,
füllt mit gutem Wein das Fass."

" Juni, feucht und warm,
macht keinen Bauern arm."

Juli

" Juli heiss, lohnt Müh und Schweiss."

" Juliregen nimmt Erntesegen."

" Nur in der Juliglut,
wird Obst und Wein auch gut."

" Im Juli warmen Sonnenschein,
macht alle Früchte reif und fein."

" Wenn die Schwalben Ende Juli schon ziehen,
sie vor baldiger Kälte fliehen."

" Wenn's im Juli viel regnet
man viel giftigem Mehltau begegnet."

" Juli, schön und klar,
gibt ein gutes Erntejahr."

" Hagelt's im Juli und August,
ist's aus mit des Bauern Freud und Lust."

August

" Fängt der August mit Hitze an,
bleibt sie lang, die Schlittenbahn."

" Im August der Morgenregen,
wird sich meist vor Mittag legen."

" Im August viel Regen,
ist dem Wein kein Segen."

" Fängt der August mit Donnern an,
er's bis zum End nicht lassen kann."

" Ist der August am Anfang heiss
wird der Winter streng und weiss,
stellen sich Gewitter ein,
wird's bis Ende auch so sein."

" Nebel im August — ein kalter Winter."

" Bringt der August viel Gewitter,
wird der Winter kalt und bitter."

September

" An Septemberregen für Saaten und Reben,
ist dem Bauern sehr gelegen."

" Bleiben die Schwalben lange,
so sei vor dem Winter nicht bange."

" Wenn im September viele Spinnen kriechen
sie einen harten Winter riechen."

" Im September grosse Ameisenhügel,
strafft der Winter schon die Zügel."

" Septemberregen — dem Bauern Segen,
dem Winzer Gift, wenn er ihn trifft."

" Ist der September warm und klar,
hoffen wir auf ein fruchtbares Jahr."

" Fällt im September Schnee in der Alp
kommt der Winter nicht so bald."

Oktober

"Ist der Oktober nass und kühl,
mild der Winter werden will."

"Ist der Oktober warm und fein,
kommt ein harter Winter rein."

"Wenn's im Oktober friert und schneit,
bringt der Jänner milde Zeit."

"Viel Nebel im Oktober – viel Schnee im Winter."

"Tummeln im Oktober sich zahlreiche Marienkäfer noch im Garten,
sind harte Fröste und viel Schnee im Januar zu erwarten."

"Fällt warm und trocken der Oktober aus,
so schütze vor Winterskälte dein Haus."

"Oktoberschnee -
tut Pflanzen und Saaten weh."

November

" November tritt oft hart herein,
braucht nichts dahinter zu sein."

" Im November kalt und klar,
wird mild und trüb der Januar."

" Wenn der November regnet und frostet,
dies der Saat ihr Leben kostet."

" Sitzt im November noch das Laub
wird der Winter hart, das glaub."

" November warm und klar,
keine Sorgen für das nächste Jahr."

" November hell und klar,
ist übel fürs nächste Jahr."

" Bringt November Morgenrot,
der Aussaat dann viel Schaden droht."

Dezember

" Neujahrsnacht still und klar,
deutet auf ein gutes Jahr!"

" Grüne Weihnachten, weisse Ostern."

" Fliesst im Dezember noch der Birkensaft,
dann kriegt der Winter keine Kraft."

" Auf kalten Dezember mit tüchtigem Schnee,
folgt ein fruchtbares Jahr mit Futter und Klee."

" Dezember ohne Schnee, tut erst im Märzen weh."

" Im Dezember Schnee und Frost,
das verheisst viel Korn und Most."

" Ein dunkler Dezember bringt ein gutes Jahr,
ein nasser macht es unfruchtbar."

Wetterregeln auf hoher See

" Strahlt der Himmel blau und klar,
wird das Wetter wunderbar."

" Ziehen die Wolken dem Wind entgegen,
gibt's am anderen Tag Regen."

" Siehst du die Schwalben niedrig fliegen,
wirst du Regenwetter kriegen."

" Fliegen die Schwalben in den Höh'n,
kommt ein Wetter, das ist schön."

" Dreht zweimal sich der Wetterhahn,
so zeigt er Sturm und Regen an."

" Abendrot — Gutwetterboot"

" Morgenrot — mit Regen droht"

" Spuckst du nach Lee, geht es in die See"

" Spuckst du ach Luv, kriegst du es druff"

Eselsbrücken

Wer kennt das nicht, die Zeitumstellung steht vor der Türe und man muss doch jedes Mal wieder überlegen ob jetzt die Uhr vor- oder zurückgestellt wird. Um sich das und ähnliches zu merken, gibt es sogenannte Eselsbrücken, eine Gedächtnis Technik, mit deren Hilfe wir Informationen einfacher merken können.

Der Begriff selber kommt daher, dass Esel sehr wasserscheu und bockig sind, falls sie durch Wasser gehen sollten. Daher wurde und wird für den Esel eine Brücke gebaut, das geht schneller, als zu warten bis der Esel durchs Wasser gehen würde.

Zeitumstellung

" Im Frühjahr holt man die Gartenmöbel hervor — im Herbst trägt man sie wieder zurück! "

Für die Umstellung der Uhr gilt also:
im Frühjahr wird die Uhr vorgestellt und
im Herbst wird die Uhr zurückgestellt.

Englischer Ausdruck:
„Spring forward, fall back„

Himmelsrichtungen

" Nie Ohne Seife Waschen " oder
" Nie Ohne Schuhe Wandern "

Norden, **O**sten, **S**üden und **W**esten
(im Uhrzeigersinn)

Zu- und abnehmender Mond

Mit Schreibschrift kann im **a**bnehmenden
Mond ein **a** geschrieben und im **z**unehmenden
Mond ein **z**.

Sonnenlauf

„Im Osten geht die Sonne auf,
im Süden ist ihr Mittagslauf,
im Westen will sie untergehen,
im Norden ist sie nie zu sehen."

Planeten

Mein Vater erklärt mir jeden Sonntag unseren Nachthimmel.

Merkur, **V**enus, **E**rde, **M**ars, **J**upiter, **S**aturn, **U**ranus, **N**eptun

Man muss sich nur noch merken, dass der Merkur der erste Planet ist.

Stalaktiten und Stalagmiten

Stalaktiten
Stalaktitten hängen von der Decke

Stalagmiten
Stalagmüden wachsen vom Boden

Stalagnaten
Stalagnaten sind Stalaktit und Stalagmit die zusammengewachsen sind.

Monate, Anzahl Tage

Die Anzahl Tage der Monate kann mit Hilfe der eigenen Faust abgezählt werden.
Dabei ist ein Knöchel ein langer Monat (mit 31 Tagen) und die Vertiefung ein kurzer Monat (mit 30 Tagen, ausser natürlich der Februar).

Schaltjahr

Unser Jahr hat in Wirklichkeit ungefähr 365.25 Tage. Da wir nur mit ganzen Tagen umgehen können, werden grob alle 4 Jahre ein Tag hinzugefügt, um das auszugleichen. Würde dies nicht gemacht werden, wäre nach Hunderten Jahren der Sommer im Winter und umgekehrt.

Regeln zur Berechnung

Es bestehen drei Regeln um zu entscheiden ob ein Schaltjahr ist oder nicht.
Die Regeln müssen alle durchlaufen werden.

1. Die durch 4 teilbaren Jahre haben einen Schalttag.
   Beispiel: 1900, 2000, 2012

2. Die durch 100 teilbaren Jahre haben keinen Schalttag.
   Beispiele: 2012
   Durch diese Regel fallen die Jahre 1900 und 2000 weg.

3. Die durch 400 teilbaren Jahre haben wieder einen Schalttag. Diese Regel ist stärker als die durch 100.
   Beispiele: 2000, 2012
   Durch diese Regel ist das Jahr 2000 doch ein Schaltjahr.

Namen der Gitarrensaiten

Von tief nach hoch

Eine Alte Dame Geht Heute Einkaufen
Eine Alte Dame Ging Haifische Essen

E – A – D – G – H - E

Zeitangaben

a.m.   → ante meridiem (vor Mittag)
p.m.   → post meridiem (nach Mittag)

a.m. = Am Morgen

konkav und konvex

" Ist der Bauch konvex,
hatte das Mädchen Sex."

Konvex ist nach aussen gewölbt
Konkav ist nach innen gewölbt

Grammatik Deutsch

" ver- und vor-, ich weiss genau,
schreibt man stets mit einem "v".

" Wer nämlich mit "h" schreibt, ist dämlich."

Seit / seid

Wann wir seit oder seid geschrieben?
Seit = bezieht sich auf eine Datumsangabe oder Zeit

" Seit = Zeit."

Seit gestern regnet es.
Ihr seid die Besten.

Bildnachweis

Cover	Wortwolke auf www.wortwolke.com erstellt
Rückseite, Feder	https://pixabay.com/de/feder-pfau-vektor-isoliert-vogel-1710305/
Elch	© N. Grubenmann, Bleistiftzeichnung
Rhonegletscher	E-Pics Bildarchiv http://doi.org/10.3932/ethz-a-000016874
Flugzeug	E-Pics Bildarchiv http://doi.org/10.3932/ethz-a-000015045
Bücher	© N. Grubenmann, Bleistiftzeichnung
Buddhas Hände	https://pixabay.com/de/buddha-h%C3%A4nde-statue-b%C3%BCste-skulptur-1618345/
Glückskatze	© N. Grubenmann, Bleistiftzeichnung
Steine	https://pixabay.com/de/steine-gestapelt-gleichgewicht-800791/
Buddhas Hand	https://pixabay.com/de/buddha-hand-statue-frieden-1411441/
Frau	© N. Grubenmann, Bleistiftzeichnung
Eule	https://pixabay.com/de/uhu-fliegen-eule-raubtier-1574166/
Holzherzen	https://pixabay.com/de/herz-liebe-romantik-valentine-700141/
Herzrose	https://pixabay.com/de/herz-blumen-quadrat-jahrgang-1205291/
Schloss	E-Pics Bildarchiv http://doi.org/10.3932/ethz-a-000014753
Platon	© N. Grubenmann, Bleistiftzeichnung
Zebras	https://pixabay.com/de/zebra-tierwelt-afrika-safari-wild-1169259/
Malteser	© N. Grubenmann, Bleistiftzeichnung
Mops	© N. Grubenmann, Bleistiftzeichnung
Traumfänger	https://pixabay.com/de/dreamcatcher-traum-abstrakt-511309/
Muster	https://pixabay.com/de/fraktal-symmetrie-muster-netz-1742109/
Hund	Foto © N. Grubenmann
Segelschiffe	https://pixabay.com/de/schiff-artemis-windjammer-segeltuch-1598932/
Herz	© N. Grubenmann, Pastellkreidezeichnung

Falke	https://pixabay.com/de/tier-schnabel-biologie-vogel-1293778/
Rosen	https://pixabay.com/de/abstrakt-kunst-dekorativ-blumen-1300237/
Matrjoschka	© N. Grubenmann, Bleistiftzeichnung
Ganesha	https://pixabay.com/de/ganesha-skizze-zeichnen-gott-hindu-29131/
Affen	https://pixabay.com/de/affen-spielen-musik-band-35974/
Eule	© N. Grubenmann, Bleistiftzeichnung
Blumenmuster	https://pixabay.com/de/damast-blumen-blume-polka-1211492/
Wecker	https://pixabay.com/de/wecker-summer-uhr-morgen-zeit-1297615/
Esel	https://pixabay.com/de/tier-esel-kopf-augen-ohren-197161/
Kompass	© N. Grubenmann, Bleistiftzeichnung
Gitarre	https://pixabay.com/de/%C3%BCbereinstimmung-akustische-kunst-2119/

Stichwortverzeichnis

A

Abbas Effendi · 81
Abend · 103
Abendrot · 146
Abraham Lincoln · 46, 83
Achtlosigkeit · 43
achtmal · 35
Acker · 36
Adam Smith · 16
Adolph Freiherr von Knigge · 51
Adolphus William Ward · 90
Affen · 101
Afrikanisches Sprichwort · 68, 75, 98, 102, 104
Ahnen · 110
Akzent · 57
Akzeptiere · 130
Alexander Graham Bell · 22
Alexander von Humboldt · 105, 110
alleine · 19
Alphabet · 16
alt · 11, 12
Alte · 12, 152
Alten · 18, 88
Alter · 11, 12, 40, 120
älter · 11
Altirischer Segenswunsch · 103
Amerika · 117
Anatole France · 88, 93, 113
Anderen · 27
andern · 29
Anderssein · 30
Angel · 40, 41
Angewohnheit · 14
Angst · 53, 91, 135
Annehmen · 46
Anstrengung · 17
Anton Pawlowitsch Tschechow · 43
anzunehmen · 28
April · 137
Arabische Weisheit · 95, 96, 97
Arbeit · 81
Ärger · 29, 62
Ärgers · 26
Aristoteles · 13, 62, 90
Art · 13, 24, 78, 81, 102, 129

Arthur Schopenhauer ·
  12, 18, 121
Äsop · 91
Aufgabe · 48
aufzustehen · 92
Augen · 27, 77, 104
Augenblick · 25, 64
August · 135, 140, 141
Autor unbekannt · 24, 48,
  54, 55, 56, 63, 77, 92,
  110, 111, 116, 117, 119,
  121, 122, 123, 124, 125

B

Baldassare Castiglione ·
  43
Banker · 119
Baum · 14, 70, 104, 155
Bedingungen · 57
Bedürfnisse · 115
Befehl · 22
Begegnungen · 79
Bein · 103
Beispiel · 22, 34, 151
Belgisches Sprichwort ·
  104
Benjamin Disraeli · 24
Benjamin Franklin · 45,
  58, 118
bereuen · 79
Berge · 36
Berthold Auerbach · 66

Besitz · 46
besser · 11, 29, 107
beständig · 14, 15, 34
Beste · 61, 63
Besuch · 98
Betrunkene · 75, 116
bewegungsunfähig · 31
Beweis · 92
Blumen · 34, 77, 116, 121
Bösen · 17
Brief · 26
Brille · 20, 100
Brunnen · 104
Brunnenfrosch · 28
Brunnenrand · 104
Buch · 24, 74
Büchern · 19
Buddha · 25, 34, 36, 37,
  40, 54, 66, 106
Bulgarische Weisheit ·
  101

C

Carl Hilty · 56, 63, 65, 81
Carl Spitteler · 64
Chance · 74, 105, 130
Charakter · 79, 82, 83
Chinesisches Sprichwort ·
  25, 26, 27, 28, 30, 32,
  35, 37, 38, 39, 40, 41,
  43, 54, 80, 81, 89, 106,
  114

Christian Morgenstern · 16, 21, 77, 83

D

Dach · 129
Dalai Lama · 28, 32, 33, 35, 41, 64, 80
Dänische Weisheit · 98
Dante Alighieri · 72, 74, 110
Demosthenes · 79
Denke · 32, 35, 56
denken · 18, 26, 50, 55, 57
Denken · 57, 62, 127
Deutsche Weisheit · 100
Deutsches Sprichwort · 61, 89, 95, 102
Dezember · 145
Diebe · 113
Dinge · 16, 73, 75, 90, 97, 112, 114, 125
Dornen · 95
Drama · 101
duften · 13
Dummes · 88
Dummheit · 88

E

Ehe · 95, 130
Ei · 18, 37
Eiche · 91
Einfluss · 65
Einmal · 21, 29
Einsamkeit · 74
Einstellung · 22
Eis · 56, 134, 135
Elbert Hubbard · 48, 49, 53, 118, 119
Eltern · 75
Emanuel Geibel · 122
Empfindungen · 82
Ende · 9, 23, 45, 52, 66, 131, 140, 141
entgegen · 97, 146
entspannend · 28
Entwicklung · 19
Epiktet · 65, 85
Epikur · 115
Erde · 94, 149
Erden · 22, 64, 68, 124
erfahren · 20, 29, 32
Erfahrung · 19, 20, 119
Erfahrungen · 19, 107
Erfolg · 42, 115
Ergebnis · 54
erinnere · 16
Erinnerung · 14
Erkenntnis · 5, 21, 109, 111
Ernte · 136, 138
ernten · 24
Erwartungen · 73
Erzieher · 53, 75
Esel · 97, 98, 147

Eselsbrücken · 147
Ethik · 5, 23
Euripides · 16, 51
Europa · 117

F

Fähigkeit · 11, 45
falsch · 77
Falten · 76
Fanatiker · 84
Februar · 135, 150
Fehler · 26, 27, 33, 40, 51, 53, 86, 95
Feind · 31
Fenster · 14, 124
Ferne · 18
Fernöstliche Weisheiten · 5, 25
Finnisches Sprichwort · 97
Fisch · 40, 70
Fjodor Michailowitsch Dostojewski · 109
Flügel · 75
Fluss · 70
Fohlens · 103
Fragen · 49, 98
Francois de La Rochefoucauld · 57, 73
Franz Kafka · 13, 22, 114
Franz von Assisi · 67, 73
Franz von Sales · 17, 82, 91
Französisches Sprichwort · 44
Frau · 42, 43, 44, 117, 155
Frauen · 42, 43, 44
frei · 31, 64
Freiheit · 42, 45, 46, 65
Freude · 26, 62, 98, 123, 125
freuen · 114
Freund · 11, 47, 48, 49, 50, 51, 95
Freunde · 47, 48, 49, 50, 51, 52, 102, 123
Freundes · 48
Freundschaft · 47, 48, 49, 51, 52, 101, 121, 122, 125
Freundschaften · 49, 102
Frieden · 17, 41, 83
Friedrich Nietzsche · 15, 56, 86, 87, 92, 131
Friedrich Schiller · 74
Fröhlichkeit · 103
Frosch · 71, 104
Frühling · 134, 136
Fugen · 17
Fügung · 35
Furcht · 53
fürchte · 27
Fürchte · 27

G

Galileo Galilei · 85
Gaul · 99
geben · 28, 100, 123
Geben · 49
Gedächtnis · 42, 95, 110, 113, 147
Gedanken · 54, 55, 56, 61, 65
Geduld · 25, 37
Gefühl · 28
Gefühlen · 64, 118
Gegenteil · 107
Gegenwart · 41, 86
Geheimnis · 43, 65
Geheimnisse · 119
gehen · 13, 26, 27, 40, 83, 86, 97, 133, 147
Gehen · 98
Geist · 71
Geizhälse · 59
Geld · 58, 59, 70
Geldes · 100
Gelehrsamkeit · 19
Generationen · 88
Genie · 119
geniesse · 25
Georg Christoph Lichtenberg · 15, 80, 113
George Eliot · 49, 114
Georges Courteline · 78
geredet · 27
Geschichte · 111
Geschmack · 34
Gesellschaft · 16
Gesetz · 52
Gesetzen · 18
Gesicht · 76, 99
Gesunden · 61
Gesundheit · 17, 53, 54, 58, 60, 61, 62
Gewissen · 100
Gift · 34, 142
glauben · 26, 86, 94, 108, 128
Glauben · 80
Glaubenssätze · 127, 128
Gleiches · 24
Glück · 31, 55, 63, 64, 65, 66, 81, 121, 122, 123, 124, 125
glücklich · 16, 64, 73, 123, 130
Gotthold Ephraim Lessing · 19
Gras · 104, 134, 139
Greifen · 36
Griechische Weisheit · 102
Groll · 36, 92
Grösse · 88, 92
grundverschieden · 47
Gut · 109, 115
Gute · 74, 85

Güte · 32
Guten · 17, 83
Guy de Maupassant · 18, 79

H

Hand · 97, 129
Handeln · 35
Handlungen · 77, 84
Harmonie · 17
Hauptaufgabe · 18
Haus · 96, 106, 143
Heilkraft · 62
Heilmittel · 51
Heimat · 111
Heinrich Zill · 76
Heirate · 79
helfen · 14, 54, 85
Henrik Ibsen · 20
Henry James · 78, 87, 94
Heraklit · 14, 17, 112
Herbst · 136, 148
Herz · 80, 123, 125, 136
Herzen · 30, 31, 47
heute · 77, 114
Hildegard von Bingen · 68
Hilfe · 99, 147, 150
Hinschauen · 20
Hippokrates · 62
Hitze · 56, 141
Hoden · 118
Hoffnungen · 73

Höflichkeit · 102
hören · 29
Humor · 78
Hund · 67, 68, 69, 120, 155
hundertmal · 21, 29
Hunger · 17
Hut · 97

I

Idee · 70
Illusion · 87
Immanuel Kant · 15, 57, 87
immer · 31, 34, 48, 54, 61, 72, 73, 75, 76, 92, 96, 108, 110, 111, 120, 123, 128
Indianisches Sprichwort · 70, 71
Indische Weisheit · 76, 97, 99
Informationen · 88, 147
Intelligenz · 80
Irischer Segenswunsch · 100, 124
Isaac Newton · 108
Isländische Weisheit · 98
isst · 34
Italienische Weisheit · 100

J

Jahr · 11, 33, 87, 133, 134, 135, 138, 142, 144, 145, 151
Jahre · 102, 119, 121, 133, 151
Jammer · 82
Januar · 134, 143, 144
Japanisches Sprichwort · 29, 31
Jean Baptiste Henri Lacordaire · 64
Jean de la Bruyère · 51
Jean Paul · 14, 77
Jean-Jacques Rousseau · 46, 107
Jedermann · 48
jemand · 111, 114, 116, 124
jemanden · 115, 117
jetzt · 25, 66
Joachim Ringelnatz · 120
Johann Heinrich Pestalozzi · 14, 83, 114
Johann Wolfgang von Goethe · 17, 23, 72, 75, 79, 82, 93, 106, 123
Johannes von Müller · 49, 53
Jonathan Swift · 84, 86, 111
Josh Billings · 68
Jüdisches Sprichwort · 100, 103
Jugend · 12
Juli · 140
jung · 12, 121
Junge · 12, 133
Jungen · 88
Juni · 137, 138, 139
Jupiter · 149

K

Kalenderspruch · 55
Kampfkunst · 91
kennen · 48
Keule · 93
Khalil Gibran · 80, 91
Kieselstein · 118
Kind · 20, 122
Kinder · 75, 81
Kindheit · 75, 127
klein · 33
Kleine · 63
Kluge · 86, 107
klüger · 27
Klugheit · 107
Knoten · 90, 97
Koch · 95
Kommen · 98
Komplimente · 13
Konfuzius · 19, 26, 27, 29, 30, 31, 33, 34, 35, 36, 38, 40, 110, 118

Konsequenzen · 77
Kontakt · 48
Kopf · 97
Körper · 60, 100
Kraft · 18, 145
Krankheit · 17, 60
Kretisches Sprichwort · 103
Kriegsbeil · 71
Kritik · 24, 49, 92
Küken · 37
Kurt Tucholsky · 12, 15, 19, 42, 52, 62, 78, 88, 107, 111, 119, 120

L

Lächeln · 9, 76, 81, 99, 124
lachen · 31, 43, 119
Lachen · 52, 62, 76, 77, 99, 100, 123
Lager · 43
Land · 96
langsam · 27, 103
Lao-Tse · 31, 34, 38, 41, 116
Last · 102
Laterne · 19
Lebe · 25
Leben · 9, 12, 25, 35, 37, 38, 53, 55, 63, 64, 73, 77, 78, 79, 98, 100, 103, 119, 121, 122, 123, 127, 130, 131, 144
Lebensmottos · 127
Lebensspanne · 39
Lebensweise · 70
Lebenszeiten · 121
Lee · 146
Lehrer · 39
Leo Tolstoi · 57, 65
Leonardo da Vinci · 82, 83, 85
Leute · 59, 72, 74, 86, 88, 105
Liebe · 11, 46, 106, 121, 122
liebst · 31
liest · 20
Löffel · 95
lösen · 15, 118
loslasse · 38
Lucius Annaeus Seneca · 51, 65, 92, 113
Ludwig Andreas Feuerbach · 73
Lüge · 94, 98
Luv · 146

M

mag · 12, 87
Mahnung · 22
Mai · 111, 134, 136, 137, 138

Mann · 20, 43, 44, 117
Männer · 43
Mannes · 88
Marcus Tullius Cicero · 24, 76, 94, 115
Marie Curie · 53, 73
Marie von Ebner-Eschenbach · 12, 20, 46, 48, 53, 75, 82, 86, 108, 109, 111
Mark Aurel · 24, 54, 55, 56
Mark Twain · 14, 22, 48, 55, 61, 67, 90, 94, 106, 112, 118, 119, 120, 130
Mars · 149
März · 135, 136
Masse · 93
Massnahmen · 33
Matthias Claudius · 84, 108, 110
Mauern · 32, 129
Maulwurfshügel · 36
Medizin · 62
Meer · 44
Meile · 71
Meister Eckhart · 21
Mensch · 12, 36, 38, 48, 50, 51, 61, 67, 68, 79, 80, 82, 83, 84, 85, 87, 105, 118, 120
Menschen · 36, 46, 48, 55, 64, 68, 71, 79, 80, 81, 82, 83, 84, 85, 86, 87, 88, 108, 109, 120, 127
Menschheit · 57
Merkur · 149
Mexikanische Weisheit · 99
Michel de Montaigne · 90
Millionen · 88
Minute · 38
Minuten · 99
Miquel de Cervantes · 20, 58
Mitglieder · 16
Miyamoto Musashi · 91
Mokassins · 71
Molière · 24
Mond · 149
Mongolisches Sprichwort · 97, 104
morgen · 114, 118
Morgenrot · 144, 146
Mücke · 33, 118
Mücken · 135
Mund · 95, 118
Mut · 65
Mutter · 83

N

Nachdenken · 56, 57, 113
Nacht · 122
Napoleon · 113
Narren · 26

165

nass · 136, 137, 138, 139, 143
Natur · 84
Nehmen · 49
Nein · 45
Neptun · 149
nichts · 20, 26, 82, 108, 109, 115, 116, 119, 144
Nichts · 28, 79, 113
Nicolas Chamfort · 45, 76
Niederländisches Sprichwort · 97
niemals · 73, 84, 110, 117
Niemand · 43, 72, 118
niemandem · 26
Norden · 148, 149
Novalis · 11
November · 144
Nüchterne · 116

O

Ohren · 61, 85, 135
Opfern · 28
Ordnung · 15
Oscar Wilde · 13, 19, 20, 42, 43, 44, 52, 108, 117
Osten · 148, 149
Otto von Bismarck · 11, 49
Ovid · 21
Ozean · 28, 108

P

Papierkorb · 15
Paradies · 14, 124
Parfüm · 13
Patriotismus · 18
Paul de Lagarde · 105
Perikles · 49, 65
Personen · 87, 130
Peruanische Weisheit · 100
Pfaden · 28
Pferd · 71
Pflanze · 81
Pflanzen · 81, 143
Pflege · 81
Pflicht · 73
Philippinische Weisheit · 95
Philosophie · 117
Plage · 59
Platon · 60, 85, 87, 115
Plutarch · 50
Polnisches Sprichwort · 101, 104
Portugiesische Weisheit · 98
Problem · 15, 35, 129
Probleme · 54, 56, 118, 129
Publilius Syrus · 72
Pudel · 69
Pudels Kern · 69

Pythagoras von Samos · 57

Q

Qual · 97
Quelle · 36, 42, 83

R

Rabindranath Tagore · 15, 86
Ralph Waldo Emerson · 47, 50, 117
Rasmus Nielsen · 44
Ratschläge · 33
Recht · 48, 115
redet · 20
Regeln · 57, 109, 133, 134, 151
Regen · 77, 119, 133, 135, 136, 137, 141, 146
Regenschirm · 119
Regentropfen · 124
Regierung · 46
reich · 115
Reichtum · 19
Reis · 95
René Descartes · 105, 109
Reue · 94, 102
richtig · 77
Rosen · 95, 155
Rosenstrauch · 95

Rücken · 19
Rudern · 98
Ruf · 87
Ruhe · 17, 53, 120
Rumänische Weisheit · 99
Russische Weisheit · 96

S

Saadi · 68, 108
Sache · 42, 119
Saturn · 149
sauber · 106
Schaden · 27, 144
Schafes · 103
schaffen · 43
Schaltjahr · 151
Schatten · 81, 99
Schicksal · 55
Schicksals · 35
Schilfrohr · 91
Schläfchen · 116
schlafen · 15, 33
Schlechtes · 29
Schlüssel · 37, 65, 66
Schnaps · 101
Schnee · 71, 134, 135, 142, 143, 145
Schönes · 11, 17, 125
schreckliche · 42
Schriften · 40, 53, 82, 86, 108, 109
Schritt · 45

Schuh · 118
Schuhe · 94, 148
Schutzengel · 77
Schwachen · 88, 92
Schwalben · 137, 140, 142, 146
schweigen · 27, 52
Schweigen · 26, 49, 108
Schweizerische Weisheit · 98
schwer · 13, 92
Schwester · 64
Sebastian Kneipp · 60
Seele · 54, 60, 62, 68, 88, 100
Segel · 89, 90
sehen · 20, 27, 29, 77, 129, 149
Seife · 100, 148
sein · 12, 13, 47, 61, 63, 64, 69, 90, 92, 100, 114, 117, 123, 125, 137, 141, 144
Selbstachtung · 87
Selma Lagerlöf · 83
Seneca · 22
Senegalesisches Sprichwort · 103
September · 142
siebenmal · 35
Situation · 69, 73, 130
Skandinavisches Sprichwort · 116

Sokrates · 18, 23, 79, 88, 105, 107, 109, 125
Sommer · 135, 136, 151
Sonnenschein · 81, 119, 135, 137, 140
Søren Kierkegaard · 66
Sorge · 28, 60
Sorgen · 58, 116, 124, 144
sorgfältig · 40, 102
Spanisches Sprichwort · 102
Spiel · 87
Spinnen · 133, 142
Sprache · 57
Sprichwort aus China · 74
Stadt · 96
Stagnation · 23
Stalagmiten · 150
Stalagnaten · 150
Stalaktiten · 150
Stark · 92
Stärke · 28, 35, 91
Starken · 88
Stecken · 40
Steine · 129
Steinen · 17, 130
Sterne · 102, 129
stets · 19, 121, 125, 153
Strasse · 96
Stufe · 14
Süden · 148, 149
Sully Prudhomme · 47

T

Tag · 38, 54, 60, 74, 76, 99, 116, 122, 128, 130, 146, 151
Tage · 15, 76, 99, 125, 150, 151
Taten · 38, 54
Tatsachen · 112
Teich · 71
Terminkalender · 78
Theodor Fontane · 11, 59, 64, 74
Thomas Carlyle · 18, 88
Thomas Fuller · 52, 114
Thomas Jefferson · 46
Tibetanische Weisheit · 96
Tiere · 49, 81
Tisch · 127
Toleranz · 78
träume · 25
Träume · 13
träumen · 26
Träumen · 10, 73
Treppe · 14
Treue · 102
trinkt · 34, 71
trocken · 136, 137, 138, 139, 143
Tschechische Weisheit · 99
Tür · 15, 22, 39, 106

Türkische Weisheit · 95

U

übermorgen · 118
Ugandisches Sprichwort · 104
umarmt · 31
Umschlag · 24
Unbeständigkeit · 15
Ungeduld · 25
Unglück · 53, 66
Unkraut · 36, 133
Unrecht · 48
Unterschied · 20
unwissenden · 108
Uranus · 149

V

Vase · 116
Vater · 149
Venus · 149
verändern · 96, 130
Veränderung · 32
Veränderungen · 39
verantwortlich · 24, 113
verbessern · 26, 105, 106
Verdacht · 58
vererben · 19
Vergangenes · 28
Vergangenheit · 25, 38, 41
Vergebung · 64

vergessen · 12, 16, 125
Vergissmeinnicht · 123
Vergleichen · 66
Vergnügen · 97
verlieren · 45, 77
Vernachlässigung · 66
verrückt · 86
Verstand · 80, 105
verstehen · 53, 80, 112
versteht · 23, 49, 86, 96
Versuchungen · 108, 120
vertrauen · 21
Vertrauen · 22
verwirklichen · 13
verzeihen · 30
Victor Marie Hugo · 92, 120
vieles · 20, 109
Vivekanada · 84
Vogels · 103
Volk · 46
Volksweisheit · 121, 123, 124
Vollendung · 81
Voltaire · 13, 16, 18, 52, 61, 94, 117
Vorrang · 35
Vorsatz · 99
Vorsätze · 74
Vorteil · 11, 107
Vorurteile · 11, 80

W

Wagen · 101
wahr · 34, 79, 94, 122, 127
wahre · 46, 52, 69, 89
Wahre · 34, 46, 93
Wahrheit · 39, 71, 74, 75, 87, 93, 94, 98, 111
Wald · 134, 137
Wallonisches Sprichwort · 101
warm · 136, 138, 139, 142, 143, 144
Wasser · 80, 96, 147
Wassertopf · 83
Wechsel · 14
Weg · 15, 17, 19, 31, 39, 40, 47, 61, 65, 72, 74, 81, 85, 103, 115, 129, 131
Wege · 13, 26, 30
Wegen · 28
Weihnachten · 145
Weisen · 26
Weiser · 14
Weisheit · 19, 30, 120
Weisheit aus Uganda · 99
weiss · 31, 48, 90, 102, 107, 108, 109, 110, 117, 134, 141, 153

Welt · 3, 12, 17, 38, 49, 63, 83, 84, 95, 105, 106, 121, 122
Weltanschauungen · 105
wende · 28
Werkzeug · 96
Wesen · 68
Westen · 148, 149
Wetter · 89, 146
wichtiger · 114
Wilhelm Busch · 66, 87
Wilhelm Raabe · 12
Will Rogers · 59
Willensstärke · 92
William Blake · 14, 42
Wind · 32, 89, 90, 91, 146
Windmühlen · 32
Winter · 138, 141, 142, 143, 144, 145, 151
wissen · 55, 75, 82, 108, 109, 110, 112, 116, 117, 119
Wissen · 107, 109, 110, 111
Wissenschaft · 109
Wohlstand · 34
Wohlwollen · 11
Worte · 9, 10, 34, 38, 49, 101
Worten · 35
Wörter · 57
Wunder · 73
wunderbare · 35
Wurzeln · 75
Wut · 80
wütend · 13, 16

Z

Zauber · 21
Zeit · 10, 13, 21, 35, 60, 104, 111, 113, 114, 116, 121, 143, 153
Zeitgenossen · 59
Zeitumstellung · 147
Zeitung · 74
Zhuangzi · 28
Ziel · 39, 91, 131
Zirkus · 101
zufrieden · 66
Zufriedenheit · 6, 64, 115
Zuhause · 16
Zuhören · 110
Zukunft · 25, 38, 41
Zunge · 85, 103, 104
Zusammenbringen · 17
Zusammenleben · 49
Zuspruch · 51
Zweifel · 15
zwischen · 20, 67, 81